温泉写真館

≫ p.94

女ひとり温泉をサイコーにする53の方法

永井千晴

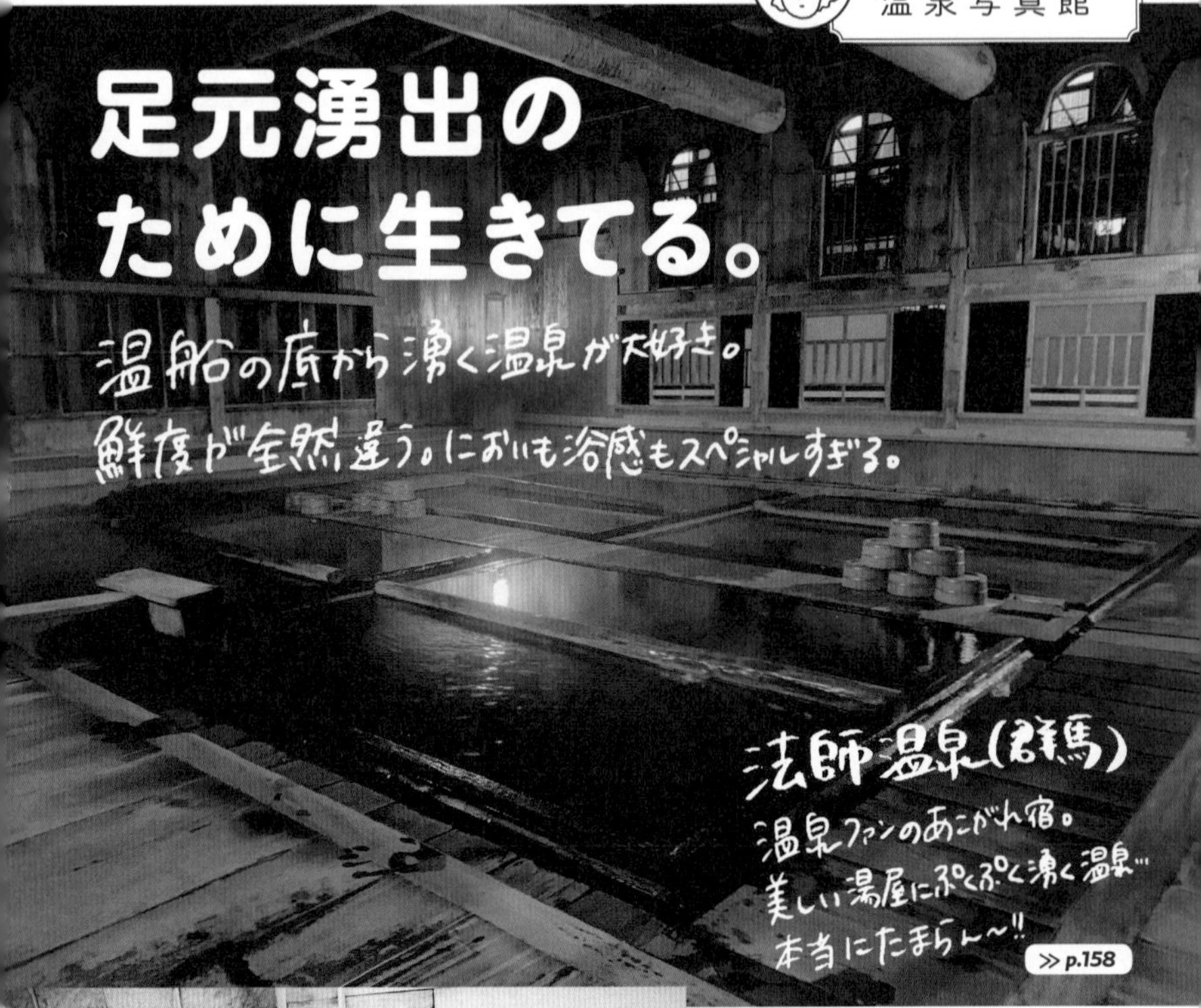

足元湧出のために生きてる。

温船の底から湧く温泉が大好き。
鮮度が全然違う。においも浴感もスペシャルすぎる。

法師温泉（群馬）

温泉ファンのあこがれ宿。
美しい湯屋にぷくぷく湧く温泉…
本当にたまらん～!!

≫ p.158

湯川内温泉（鹿児島）

ガラスのようで、無重力のようで…。
国内最高峰の足元湧出だと思う。
この透明度と鮮度は国宝レベル。

≫ p.156

蔦《つた》温泉（青森）

≫ p.157

めちゃめちゃ推し宿。湯場がとにかく美しい…。湯の湧く音が響く癒やし空間。
ゴハンも美味しくてお手頃。旅情たっぷり。
ビギナーさんも温泉ファンもとにかく蔦へ行けば間違いないハズ

大興奮、オーバーフロー!!

湯船から温泉が溢れている状態、オーバーフロー。
温泉ファンにとってはテンション爆上がりの光景なのです!!
だって新鮮で、力強いから。底知れない温泉パワーの象徴。

韮崎旭温泉(山梨) ≫p.178

ぬるい炭酸泉をドバドバかけ流し。四方から温泉が溢れてる…!!
山梨ののどかな地にある絶品温泉です。

あおき温泉(福岡)

≫p.188

個人的に全国10本の指に入るレベルの名湯。超とろとろ湯がザバザバ溢れてる。

古《ふる》遠《とお》部《べ》温泉(青森)

この溢れ、やばすぎる。もはや海。
湯船の横に寝て 背中で温泉に浸かる
「トド寝」が有名です。まじで気持ちいいのこれが。

≫p.224

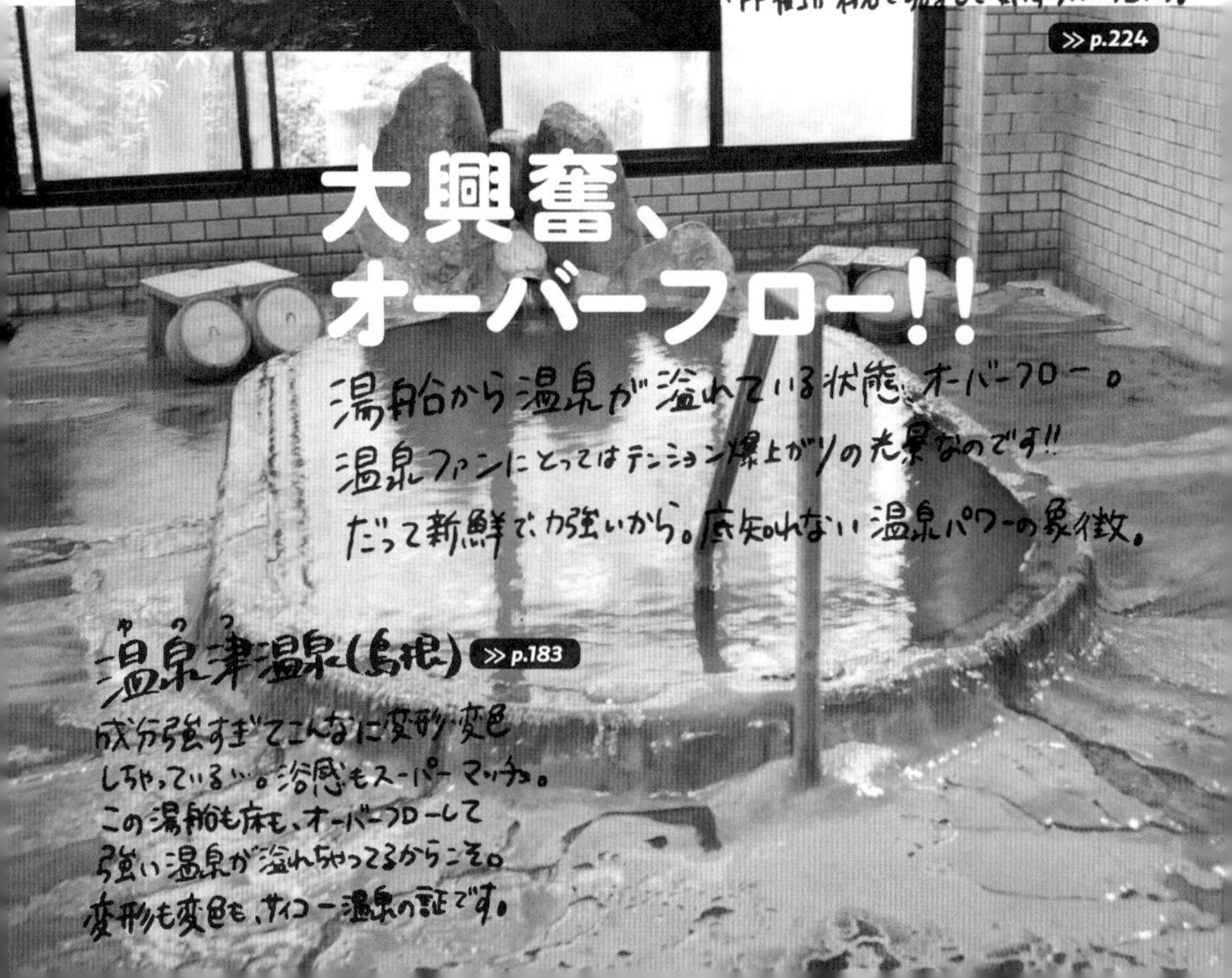

温《ゆ》泉《の》津《つ》温泉(島根) ≫p.183

成分強すぎてこんなに変形・変色
しちゃっている…。浴感もスーパーマッチョ。
この湯船も床も、オーバーフローして
強い温泉が溢れちゃってるからこそ。
変形も変色も、サイコー温泉の証です。

ときめく個性派

見たことがない色、嗅いだことがないにおい。
変な温泉、大好き〜

国見温泉（岩手）

このビビッドな緑!!すごすぎでは!!?
しかも硫黄のにおいたっぷりで
湯の花もすごい量です。めちゃ濃厚。

≫ p.167

登別温泉（北海道）

登別近辺で湧く灰色の温泉が好きすぎる。
泥っぽくてつるつるで硫黄たっぷりでサイコー。

≫ p.167

塚原温泉（大分）

≫ p.165

とにかく鉄くさくて酸っぱい。
レモンと10円玉を煮出したような感じ。
鉄イオン含有量はなんと日本一…!!

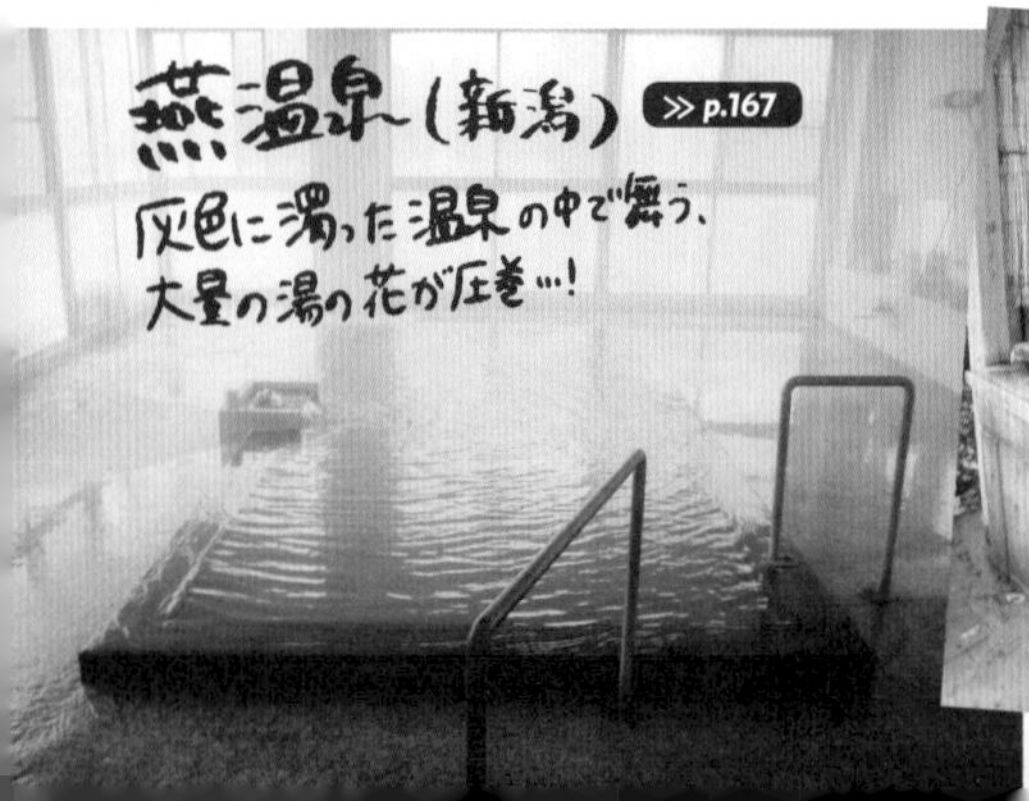

燕温泉（新潟）

≫ p.167

灰色に濁った温泉の中で舞う、
大量の湯の花が圧巻…!

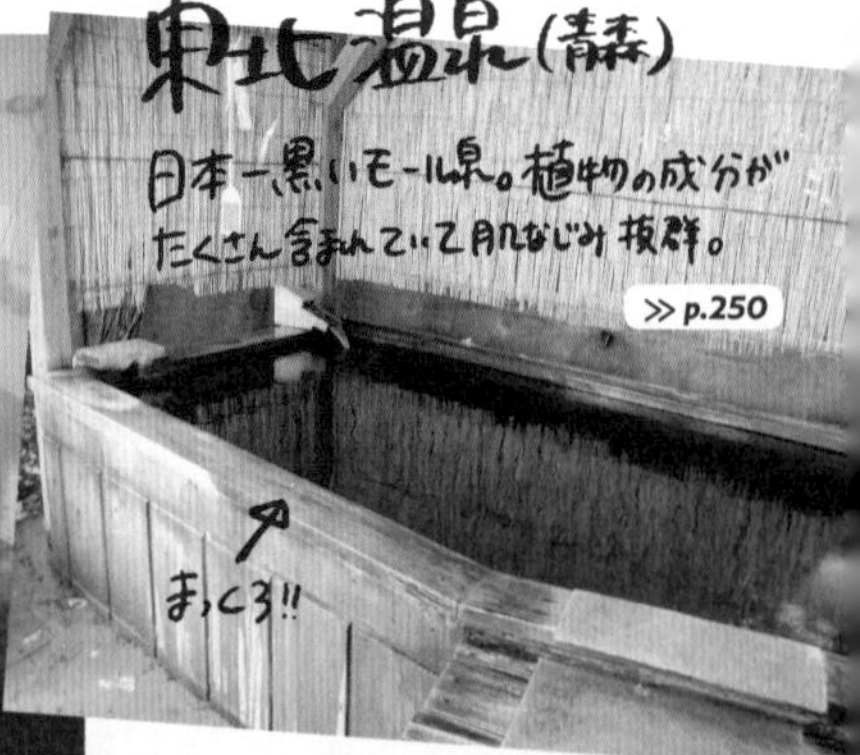

東北温泉（青森）

日本一黒いモール泉。植物の成分が
たくさん含まれていて肌なじみ抜群。

≫ p.250

銀山温泉（山形）

国内トップクラスの映え温泉地。

春夏秋冬いつでも美しいし泊まりたい宿多すぎて何回行っても行きたりない…。

≫ p.140

城崎温泉（兵庫）

川沿いに柳が植えられていてものすごく優雅で上品。めちゃキレイ。関西屈指の人気温泉地。

≫ p.124

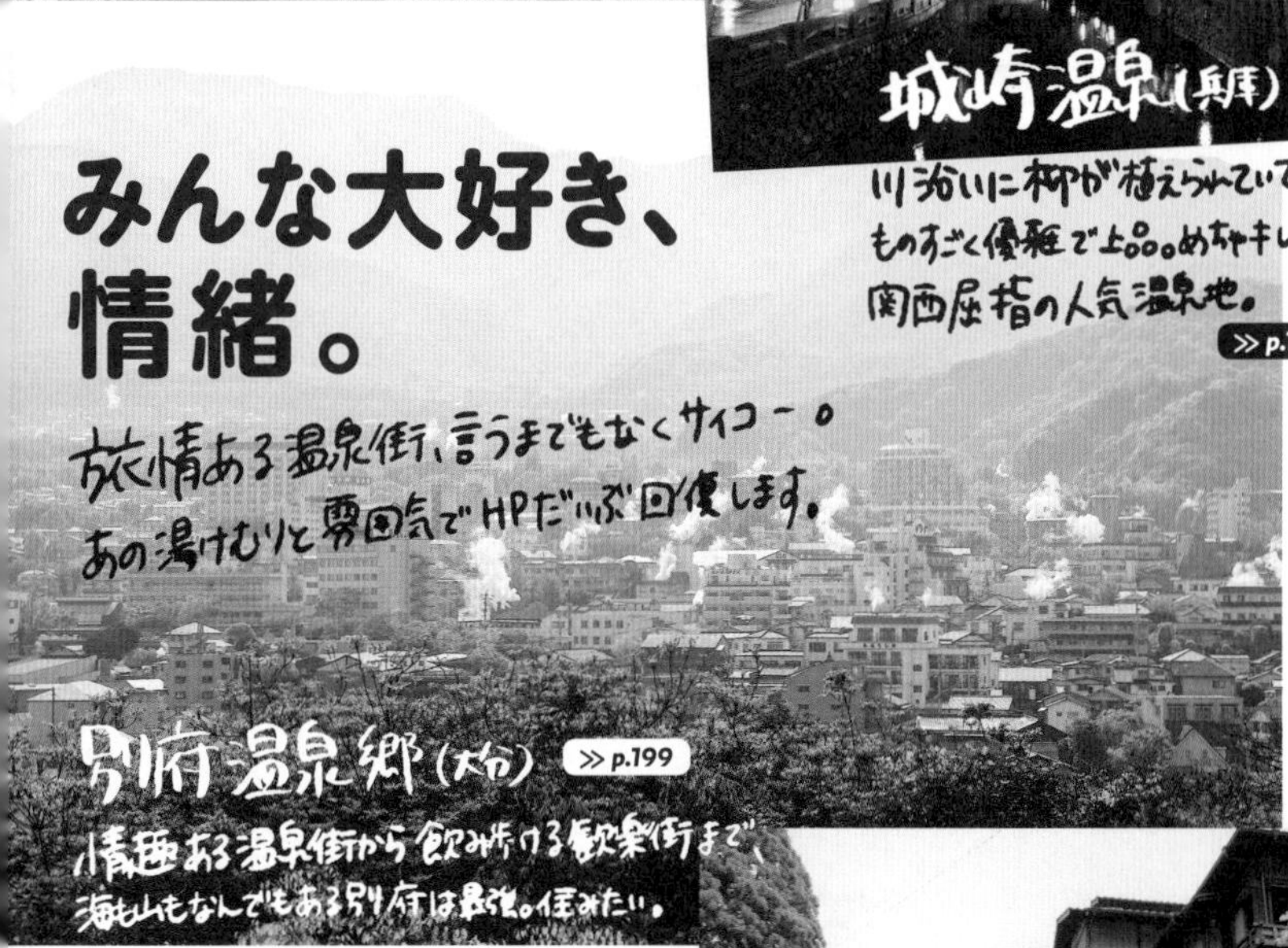

みんな大好き、情緒。

旅情ある温泉街、言うまでもなくサイコー。あの湯けむりと雰囲気でHPだいぶ回復します。

別府温泉郷（大分）

≫ p.199

情趣ある温泉街から飲み歩ける歓楽街まで、海も山もなんでもある別府は最強。住みたい。

黒川温泉（熊本）

≫ p.150

統一感ある和モダンおしゃれ温泉街。宿それぞれのこだわりとおもてなしがスゴイ。ごほうび旅に絶対選びたい！

≫ p.123

湯の峰温泉（和歌山）

ひなび温泉街。たまらん〜。湯けむりも硫黄のにおいも、うっすらただよう霧も…。カンペキ。しかも温泉もめちゃめちゃいい。

はじめに

私は「温泉オタク」を自称し、これまでＴｗｉｔｔｅｒやブログで温泉愛を語ってきました。その愛をさまざまな方に読んでいただき、この度「ひとり温泉旅行」をテーマにした本を書かせていただくことになりました。

温泉を好きになったきっかけは、ライターまがいのことをしていた二〇歳のころ、温泉取材の仕事をいただいたこと。全国を車中泊しながら日帰り入浴して温泉をレポートする過酷な仕事でしたが、毎日いくつも浸かって感想を言語化していく中で、温泉それぞれの個性に魅了されていきました。半年間の取材旅行を終え、その後二年間は旅行情報誌「関東・東北じゃらん」の編集部で働くことに。いまは温泉の仕事から離れて、まったく違う畑で働く東京の会社員です。毎月のお給料で旅行資金を貯めて、休日に温泉旅行へ出かけています。国内外あわせて五〇〇湯近くに浸かりました。

日本には約三千の温泉地、二万の温泉施設があります。箱根や熱海といった人気温泉地から、山奥に一軒宿しかない温泉地まで、規模も集客力もさまざま。いわずもがな、少子高齢化、都市圏への人口集中と過疎化により、多くの温泉が「ギリギリ」です。でも、お客さんが現地まで足を運んでお金を落としてくれなければ、旅館はつぶれ、温泉地そのものがなくなってしまいます。温泉オタクとして活動を始めた背景には、もっと多くの人にいろんな温泉に行って現地で課金してもらいたい……そんな思いがありました。

いろんなもの・ことがインターネットやバーチャルで進行するこの時代に、〝現地に行くしかない〟のは、それなりにハードルを感じます。お金を落としたとしても、その温泉はむなしくなくなってしまうかもしれません。でももし、自分が現地へ赴き一泊することによって、温泉が一日でも長く営業できて、最高の湯が守られるのであれば……。いつもの温泉旅行が、「推し活」になると思いませんか。

だから私はいつも、「推し」または「推し候補」の温泉をめがけて旅行しています。

だって、往復の交通費二万円、旅館一泊一万五千円、さまざまな誘惑（観たかった映画、やりたかったゲーム、むさぼりたかった睡眠など）すべてを差し置いて、大事な大事な休日を使って行くのですから。推しになりそうもない温泉に、お金と時間は使えません。「この温泉は好きだから（興味あるから）、ちょっとでも長く営業していてほしいな」と思う気持ちが、温泉旅行を一気に彩るのです。

でも、「温泉の違い、いまいちよくわからない」「どんな温泉地があるのか、正直よく知らない」方もいらっしゃると思います。温泉は湧いた瞬間から、一分一秒、鮮度が落ちていく〝ナマモノ〟。鮮度が変われば、におい・色・肌触りもがらりと変わります。温泉地によっても、楽しみ方や魅力はさまざま。本書では、違いがわかるようになるヒントや、温泉地を選ぶポイントもたくさん詰め込みました。

本書で書かれている内容の多くは、「女性のひとり温泉旅行」ビギナーに向けています。温泉をたしなみたい、ひとりで温泉旅行を楽しめるようになりたいと思う方に、私の経験を交えながらコツをまとめたものです。本題に入る前にお伝えしておきたいのが、「ひとり温泉旅行は、ヒトカラ（ひとりカラオケ）みたいなもの」だということ。ひとりで温泉旅行を計画して、ひとりきりで現地に向かい、湯船にじんわり体を沈める……。そこには、カラオケでよくある「上司の年代に合わせた曲」「友達と一緒に歌える曲」「全員で盛り上がれる曲」の忖度がありません。私はただここに来たくて、お金も時間もすべて自分で管理して計画して、やっと憧れの温泉に浸かれた……という、体中に満ち満ちる圧倒的な自己満足、高揚感、達成感があるものです。

海外旅行と違い、ひとり温泉（国内）旅行は、予想外のことはあまり起きません。電車は定刻通りに到着し、情報やコミュニケーションに困ることはなく、行きたいところへ行き、食べたいものを食べる旅行がかなえられます。ある側面では「何が起こるかわかりきっている」感はあれど、自分の思い通りに過ごせることの気持ちよさには、まったくの安心感と自己愛があります。私は私のために。ひとり温泉における自己中心的なふるまいが、なんとも〝ヒトカラ的〟だと感じるのです。

そんな自己満足あふれる推し活温泉旅行をかなえるために、本書をまとめました。筆者は温泉評論家でも、温泉ライターでもない、市井の温泉オタクです。みなさんと同じように温泉を楽しむひとりの経験談として、ご参考にしてください。

もくじ

2 あなたの推し温泉候補たちを、温泉チャートで知ろう

3 私の推し温泉の話をさせてください

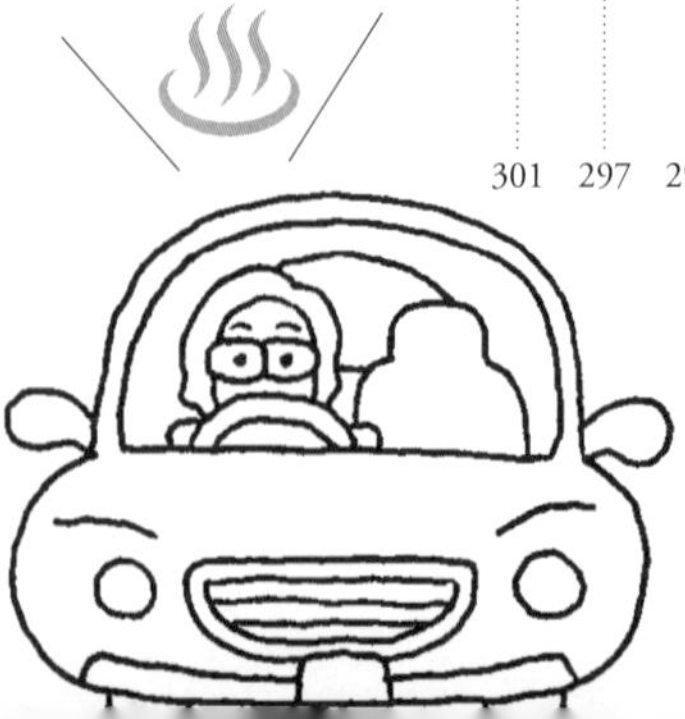

1

推せる温泉旅館の見つけ方と、旅の計画から予約まで

いつ行くか決めよう

_Tips 1

一年間で一番温泉旅行に適しているのは五月下旬（でも五月以外ももちろんサイコー）

「これは声を大にして言いたいんですが、五月は温泉のベストシーズンです。露天風呂に虫いない、日差ししんどくない、台風の心配ない、連休終わって落ち着いてる、新緑きもちいい、祭りとかのイベントないから混んでない、紅葉ももちろんない、冬季閉鎖終わって山道に雪もほぼない。本当、今なの、今なのよ」

二〇一八年五月十八日につぶやいたこのツイートは、多くの方に共感いただき、三万RTほど拡散されました。数年経った今でも、この気持ちに変わりはありません。五月が一番。ベストオブベストなシーズンです。

　例えば、ゴールデンウィーク明け直後の黒川温泉（熊本）。美しい情緒そのままに、和モダンな宿が連なる、手入れの行き届いたすばらしい温泉地です。連休明けでほっと一息ついた温泉街で、「入湯手形」を買って、お目当ての露天風呂にざぶん。他にも、風でざわつく竹林に覆われた、ひたひたの湯船。滝の流れる音を聞きながら浸かる、とろみのある美人湯。阿蘇山の高原目の前に、ドンと設《しつら》えられたダイナミックな岩風呂……。それぞれの個性際立つ黒川の露天はサイコーでした。なんたって、五月はまだ虫がいないですから（私的に最重要）。新緑が気持ちいい。連休明けだから空いてる。暑くもなく、寒くもなく。人気温泉地こそ、五月をすすめたいです。→【写真1、2】

【写真1】旅館28カ所のうち、3カ所の露天風呂をめぐる入湯手形

また、五月下旬の山陰（島根、鳥取、兵庫）の温泉地。浜辺の散歩も気持ちのいい時期です。温泉から見える日本海も、きらきら穏やかで美しい（海水浴客がいないからかな……）。出雲大社、水木しげるさんゆかりの地・境港、鳥取砂丘、青山剛昌ふるさと館などなども、ゆっくり観光できます。国道9号線、海沿いのドライブの気持ちよさは格別です。いやはや、温泉旅行はどう考えても五月なんだよなー、と思ってしまいます。山も海も。

とはいえ、五月以外もサイコーです。もちろん。

十二～二月までは、山の温泉の多くが雪に覆われ、雪見温泉・雪見露天がかないます。雪国に行くのはちょっとハードル高く感じるかもしれませんが、公共交通機関や宿の送迎を使ったりすれば案外すんなりと行けるもの（詳しくは後述）。周辺を散策したり、観光したりする場合は、滑り止めのついた靴などを用意して万全の対策をしてくださいね。

［写真2］ 青々と茂る竹林に包まれた、「ふもと旅館」の露天風呂

六〜七月の旅行は、梅雨シーズンにぶち当たる可能性が高いので、「雨が降っても楽しい」を前提に旅程を組みます。おこもり旅メインがよさそう。露天風呂を目的とした旅行は（雨が降ったら残念なので）控えたほうがいいかもしれません。とはいえ、過ごしやすい時期なので、晴れたらめちゃくちゃ気持ちいいです。

八月の夏休みシーズンは、どこもファミリーで賑わい気味なのと、露天風呂に虫がたくさんいてゆっくりできない問題があり、個人的にはあんまり出かけない時期です。

九月に差し掛かれば、やってきてしまうのが台風シーズン。旅行と重なってしまうと最悪です。特に山奥や海沿いの温泉地は、毎年少なからず被災されているので、土砂崩れなどに巻き込まれないよう注意したいところ。暑さがやわらいだ晴れの日はめっちゃ気持ちいいので、弾丸の一泊二日旅行を計画します。

十〜十一月は、五月に次いでおすすめ。シルバーウィークを過ぎればどこも落ち着いて、気候もかなり過ごしやすくなっています。ただし、紅葉のハイシーズンは避けたほうが無難。紅葉は花見と違って、時期を若干ずらしても楽しめるのがいいところです。あとは十一月末ぐらいに、冬季休業するような山奥の宿に滑り込みで泊まるときの、ほんのり雪見温泉を味わえつつ移動も比較的楽……みたいな旅行が、実はとってもよかったりして。

基本的には、どの時期も楽しみ方を工夫すればサイコーの温泉旅行が実現できます。が、私はなるべく連休を避け、落ち着いたころに有給休暇を使ってひっそりと行くことが多め。いつもの賑やかな温泉地も楽しいですが、そういう落ち着いた旅程を組めるのは、ひとり温泉旅ならではだと思うのです。

行く温泉地を決めよう

_Tips 2 行く温泉地を決めてから、泊まる旅館を選ぼう

「温泉でも行きたいなあ」と思いインターネットで宿泊予約サービスを立ち上げると、最初に行き先の都道府県やエリアを入力させられがちです。でも、「どこ」がいいかなんてピンとこないですよね……？　なんとなく「箱根」や「熱海」と入力して、予算に合った温泉旅館を予約して泊まりに行く、なんて方もいらっしゃるのではと思い

ます。私自身も身に覚えがあります。

個人的には、「行く温泉地」と「泊まる旅館」の選び方はまったく別物。まずはどんな温泉地に行きたいかをリサーチして、行き先が決まってから旅館を選びましょう。

例えば、温泉地はこんな視点で選びます。

・温泉街を散策したい or 宿でゆっくり過ごしたい
・ガツンと個性派な湯に浸かりたい or 優しいつるさら湯に浸かりたい
・ドライブしながら車で行きたい or 電車かバスで行けるところがいい
・緑に囲まれた山の温泉 or オーシャンビューがかなう海の温泉

などなど……。一番知りたい情報でありながら、実はこれらを簡単に調べられるツールはなかなかありません。「自分に合った温泉地を見つける方法」については、私なりにチャート化してまとめたので、詳しくは第2章を参考にしてください。

自分に合った条件下で行き先（温泉地）を見つけられたら、ようやっと宿泊予約サービスの出番です。温泉地名を入れて一覧に出てきた中から、予算に合わせて、こんな視点で選んでいきます。

・「露天風呂」「泉質」「景観」など、温泉の魅力
・「地元の食材が食べられる」「部屋食がかなう」など、食事の魅力
・「温泉街中心地から徒歩一分」「人里離れた山奥の秘湯宿」など、ロケーションの魅力

旅館にあるそれぞれの自慢どころが、自分の求めている温泉旅行にフィットしているかが重要です。すべてを兼ね備えたところはなかなか見つかりません。どんな温泉に浸かりたいか、どんなふうに滞在したいか、イメージを膨らませて決めていくと、すばらしい旅行になるはずです。

_Tips 3

温泉ソムリエは、もらえる冊子のためだけに資格を取る価値がある

二〇一三年に全国各地の温泉取材をして、「じゃらん」の編集部で働いた後は、温泉や旅行とはまったく関係のない仕事に就きました。一年ほど経ったころ、「温泉のことがすごく好きだったのに、手元に何も残っていない感じがする」とさびしさを覚えました。そこで門を叩いたのが、「温泉ソムリエ」の資格受験です。

温泉ソムリエは、おそらく日本で最も有名な温泉に関する資格だと思います。試験を受けた人のほとんどが合格可能な、お金を払えば資格がゲットできるものなのですが、試しにセミナーを受講してみました。二〇一七年のことです。

しかし、超本格的な講座にびっくりしました。なぜこの泉質がつくのか、温泉分析

表から明らかにするといった具合で、科学的な視点も入れた内容でした。温泉は好きだけれど、あまり温泉分析表には興味ないといった受講者たちの、あの退屈そうな顔といったら……。個人的には、もっと早く知っておきたかった！　という知識も多く、「お金を払えば取得できる資格」とは裏腹の充実感を得られたと感じています。

温泉ソムリエの試験に無事合格すると（セミナーの難易度は高いですが、試験は簡単です）、認定証や記念タオルと一緒に、**配られた冊子を持ち帰ることができます。この冊子がすごい。およそ、受験代はこれに支払っていたのだと思うほどにすごいんです。**温泉ソムリエを創設した遠間和広さんの温泉愛が詰まっています。愛がぐったぐたに湧いている、ともいえます。

温泉法の紹介、温泉分析表の読み方、泉質別の適応症、目的別の入浴法、歴史や文化に至るまで、二五〇ページ超にわたって解説されているのです。それもほとんど、遠間さん自ら書かれたもの。どんな雑誌よりもわかりやすく、詳しく書かれています。

何より一番活用できるのが、泉質別の主な温泉地がまとめられているのと、温泉達人（評論家や大学教授など）のおすすめ温泉地一覧がコメント付きで書かれていること。「いい温泉に浸かりたいけど、どうやって温泉地を選べばいいのかピンとこない」な方には、絶対参考になる冊子です。私自身、温泉ソムリエの資格を取ってから数年経った今でも、「こういう温泉に浸かりたいから、ここの温泉地に今度行こう」と、だいたいの行き先を決めるために、温泉ソムリエの冊子を開きます。

どの温泉地がおすすめかは、雑誌やレビューサイトを読んでも、行った経験がなければわかりにくいと感じるものだと思います。温泉ソムリエの冊子は、その悩みを一発で解決してくれるはず。ちょっと面倒でも、ぜひ受講して冊子をゲットすることをおすすめします。一生、温泉旅行に困りません。マジで。→【写真3】

【写真3】2017年に手に入れた温泉ソムリエの冊子。分厚い！

_Tips 4
「観光協会」「旅館組合」のサイトこそちゃんと見るべき

旅程を決めるとき、クチコミを重視する方は多いと思います。じゃらんや楽天トラベルで点数を比較して、あっちにしようこっちにしようと悩んだり、トリップアドバイザーの評価を見て寄るかどうか決めたり。「熱海　観光」などで検索をかけて、上位に出てくるまとめサイトから情報を得たり。これらすべて、私も旅程を決めるときにやることの一部です（まとめサイトは取材をせず、インターネットの情報をまとめただけで、不確かな部分もありますが、メインどころは押さえている場合も多く、ざっくりと参考にはなるとは思います）。

一方、ないがしろにされがちな、「観光協会」「旅館組合」のサイト。SEO対策が万全でないゆえに、検索結果の最上位を取れていないところもあります。しかし、声を大にしていいたい。「一番確かな情報があるのは公式だ」と。**観光協会・旅館組合のサイトはつまり、〝公式〟かつ、〝中の人〟なのです。**映画を観に行くとき、ドラマの情報を探すとき、まずは公式サイトの「ＡＢＯＵＴ」や「ＣＡＳＴ＆ＳＴＡＦＦ」を確認しますよね。Ｆｉｌｍａｒｋｓのクチコミ点数だけで観るか観ないかを決めるのは無粋だと思いませんか。そういうイメージです。

観光協会や旅館組合のサイトは、近年とってもおしゃれになりました。お金を出し合って、きちんと運用されているものがたくさんあります。春夏秋冬の過ごし方やおすすめグルメ、地図にプロットされた観光スポット、老舗和菓子店のおいしいおみやげ、営業時間や特徴がしっかりと書かれた日帰り入浴施設一覧などなど、見れば「何が魅力なのか」「どんな風に過ごせばいいか」が一目瞭然です。写真も大きくてわかりやすいのが最高。「今冬、この車道が雪の影響で通行止めになっている」だとか、「公衆浴場が改装中なので、ここで日帰り入浴ができるようになった」だとか、ちゃーんと書いてあります。行ってみたときに「あれれ」ってなるのは、意外にも観光協

_Tips 4

会や旅館組合のサイトを見ていなかったから……なんてこともあるのです。

観光協会・旅館組合のサイトで温泉地の情報を集めたら、いよいよクチコミの出番。クチコミは基本的に、ネガティブな部分を把握するのに使うとよさそうです。例えば「温泉からは消毒のにおいがした」「施設があまり清潔でなかった」「スタッフの対応に難があった」など。**同じネガティブな意見が複数件あるか、いつ書き込まれたのかも確認しておきたいところ。**ネガティブな意見が一つだけであれば、書き込んだ方の個人的な感覚が偏っているだけかもしれませんが、同じような意見が複数あれば、「一般的な」感覚に近いはず。また、五年も十年も前のクチコミであれば内情が改善されている場合もあり、なるべく最新の投稿を確認するといいでしょう。ネガティブな部分がまったくない場所は、ほとんどないと思います。例えば高級宿だったとしても、「コスパが悪い」などと怒る方もいるので、そのネガティブは自分にとって許せるポイントなのか、許せないポイントなのかを見極めることが大事です。

まとめると、

_Tips 4

1 行きたい温泉地をだいたい絞る
2 観光協会・旅館組合サイトで情報収集
3 クチコミサイトでネガティブチェック
4 おおよその旅程を決定

といったフローが確実です。ぜひお試しあれ。観光協会も旅館組合も、超親切ですよ。

泊まる宿を決めよう

Tips 5 完全に信頼している旅行雑誌、「男の隠れ家」

基本的に、私が宿泊先を決める際は、あまり温泉のレビューサイトやブログを参考にしません。なぜなら、いい温泉＝いい宿とは限らないから。名湯・秘湯と呼ばれるような山奥の一軒宿には、たしかにすばらしい温泉が湧いているけれど、料理・おもてなし・清潔さ・景観なども一〇〇点満点とは限りません。むしろ、いい温泉は湧いているだけで嬉しいので、別の要素が五〇点でも六〇点でも、まあいいかと思わせるほどのパワーを持っています。「いい温泉」と「いい宿」、両方を兼ね備えているすてきな宿は多くないのです。

なにを重要視するかによりますが、私はなるべく一〇〇点に近い満足感を得たいので、**浸かりたい温泉かどうかと、泊まりたい宿かどうかは、別軸で情報収集をしています。**それらの情報を掛け合わせて、見極めて、選び取って、予約するまでが、ひとり温泉旅行の重要な工程ともいえます。

「浸かりたい」はレビューサイトやブログで、「泊まりたい」は雑誌や本で情報収集をします。宿泊予約サービス（クチコミ）は、あくまで「雑誌・本で見つけた評価と相違ないか」の確認のため。もし、目的の温泉地にとにかく泊まってみたいだけの旅行の場合は、クチコミだけでぱぱっと決めてしまいます。例えば、「あこがれの草津温泉（群馬）に泊まってみたい。温泉は共同浴場でいいし、夜は温泉街の定食屋で済ませばＯＫ」という旅行であれば、宿泊先を吟味する必要はないと思います。

私がいつも参考にしている雑誌は、こちら。

・旅の手帖ＭＯＯＫ「一度は入りたい秘湯・古湯１００選」
・男の隠れ家別冊　各季節の「気ままなひとり旅。」シリーズ

加えて、ＢＲＵＴＵＳ、ＣＲＥＡ、Ｄｉｓｃｏｖｅｒ Ｊａｐａｎ、自遊人などの温泉特集も買っておきます。温泉の質にこだわる「旅の手帖」「男の隠れ家」と、過ごし方や雰囲気も重視する「ＢＲＵＴＵＳ（Ｃａｓａ含む）」「ＣＲＥＡ」、どちらの視点もめちゃくちゃ大事にしています。宿の紹介文を読みながら、「ちゃんと取材された文章か」「どんな人が書いているのか」を確認しつつ、なるほどここならよさそうだ、とえらそうに構えては候補に入れていきます。

中でも最も信頼して、すみずみまで読んでしまうのは、男の隠れ家別冊　各季節の「気ままなひとり旅。」シリーズ。というか、「男の隠れ家」自体、とても好きな雑誌です。なんといっても、「ぬる湯」だけで特集を組んでしまうような変態さ（褒めてる）、サイコー以外の何物でもありません。しかも「男の隠れ家」といいつつ、ジェンダーフリーな文章表現でまとめられているのが素晴らしい。ありがたいです。大好きです。ファンレター書きたいぐらい。

加えて、書籍でよく参考にするのが、次の二冊。

・『温泉失格』　飯塚玲児著

・『全国ごほうびひとり旅 温泉手帖』　石井宏子著

『温泉失格』は、温泉の質の視点でおすすめされている宿を知るために開きます。個人的に、著者の飯塚玲児さんの〝いい温泉〟に対する考え方が近いので、たいへん参考になります。

『全国ごほうびひとり旅 温泉手帖』は、私が著者の石井宏子さんのファンなので、彼女の推し宿を候補にするために開きます。温泉ビューティ研究家という肩書きで情報発信をされており、とっても尊敬しています。

雑誌や本をいくつか読んでいくと、推しの温泉評論家さんが見えてくると思います。〝宗派〟が近いというか、腑に落ちるというか。逆もしかり、「なんだかこの人の言っていることは極端だな」「この人の考え方、提案する過ごし方は自分には合わないな」などと感じる方も出てきます。そういう違和感も受け入れながら、信頼できる人の情報発信にたどり着けると、ひとり温泉旅行はどんどん迷わなくなります。最初はちょっと手間ですが、いろいろと見比べてみるのが一番です。

_Tips 6 一泊五千円も、一泊三万円も、すこぶる楽しくさせる

以前、Ｔｗｉｔｔｅｒで「温泉旅行に行きたいけど『いくらぐらいの宿に泊まればいいのかよくわからないぞ』って人に向けて、ざっくりした価格感の目安」といったまとめ画像を出しました。

これは二人以上で宿泊した際の、平日料金の目安です。ひとり温泉旅行の場合は、表の価格帯に二〇～三〇％上乗せして計算します。

個人的には、一泊一万円以下であれば、素泊まり／朝食のみプランにして、夕食は外で済ませたほうがいいと思います。二万円近くでようやく、二食付きでおいしく楽しく過ごせるラインかな……と。

何年か前に、群馬のとある温泉ホテルチェーンに一泊二食付き一万円以下で泊まり、夕食に出てきた湿った天ぷらや冷凍のお刺身でお腹を満たしたとき、たいへん残念な気持ちになってしまいました。「なんで群馬まで来て、おいしいお肉ひとつも食べてないんだろう……」って。その反省を活かし、別のときにまた群馬の温泉地へ素泊まりで訪れた際は、温泉街にある定食屋で上州麦豚（群馬の地産の豚）を使った生姜焼き定食を食べて、やっぱりこっちが正解だ！　と確信したのです。翌日はブランチにして、高崎（パスタの街で知られる）の老舗洋食屋でミートソーススパゲティを食べて、なるほど高崎ではこんな味が愛されているのか～って驚いてみたり。別に、旅館で夕食も朝食も済まさなくてはいけない決まりなんてないですから。旅費をおさえたいときは、一泊二食付きで安さをとるより、素泊まり＋地元のお店で食べるに尽きます。

ただ残念ながら、素泊まりでもひとり客を受け入れていない宿はたくさんあります。特に土日だと泊まりにくく、二食付きで三万円近い宿（ひとり客なので相場より高くなってしまっている）か、五千円の素泊まりゲストハウスかと、しんどい選択を迫られることも。そういうとき私は、周辺にレストランがあることを確認した上で、ゲストハウスにします。一泊に何万もかけるときは、しぶしぶではなく、きちんと選び取りたいものです。

宿泊費は、「温泉の質」と比例しません。一泊数千円でいい湯もあれば、一泊三万円以上でもこのぐらいか、とひとりごちるときもあります。宿泊費は設備や食事、滞在そのものに支払うもの。価格帯が上がれば上がるほど、旅館側が「是」とする思想や世界観、または積み重ねてきた歴史にとっぷり浸かる体験ともいえます。だから、高い＝いいではなく、合う合わないで決めるのが一番。クチコミだけではなく、公式

温泉旅行、いくらのところに泊まればいいのか、ピンとこない人のためのざっくり目安

1泊1人～5000円

宿に温泉はないかもしれないけど、ビジネスホテルや、ゲストハウスのドミトリー、民宿の素泊まりなどはこの価格帯で泊まれる可能性が高い（平日）。食事は外で、温泉は日帰り入浴でOK、という旅行ならこれで安く済ませられる。

1泊1人～10000円

2食付きでこの価格の温泉旅館であれば、だいぶカジュアルである可能性が高い。「せっかくだからご当地料理や地元のものを使ったおいしいものが食べたい」なら、素泊まりや朝食付きプランにして、夕食は近くのレストランを探すのが無難。ファミリー向けの宿が多い気がする。

1泊1人～15000円

設備や料理に納得感が出てくる価格帯。地元の魚や肉や野菜、ご当地料理などが食べられる。一部、部屋食（＝客室でゴハンを食べること。プライベートな時間をゆっくり過ごせるのでおすすめ）がかなうプランも出てくる。ただし、山奥の一軒宿とかであればどうしても維持費が高くなってしまい、大きめな温泉街よりは料理・設備の質が落ちる場合も。

@onsen_nagachi

1泊1人～20000円

だいぶおいしいし、だいぶきれい。
宿泊予約サイトでも「ハイクラス」のタグがチラ見えする。
ファミリーは少なく、大人のひとり旅やカップルが増える。
記念日やごほうび旅に行きたい感じ。ただし繁忙期（大型連休や花見・紅葉シーズンなど）は宿代基本バカ高くなるので、この価格帯が「いつ」の値段なのかは気にしておきたい。

1泊1人～25000円

～20000円台の内容に加えて、露天風呂付き（露付き）部屋がかなうプランも出てくる。雑誌やテレビによく出てくる憧れ宿、有名宿にも泊まれる価格帯に。アメニティもめっちゃいいし、なんなら「普段使ってるのよりいいのでは…？」みたいなパターンも出てくる。高級宿の一歩手前なのもあり、「敷居低めな贅沢ゾーン」という印象。

1泊1人30000円～

料理も酒も設備も、一般的な旅館とはだいぶ変わってくる。
贅沢しちゃうぜ～！な時には思い切って泊まっちゃうのも全然あり。星野リゾートとか1泊30000円以上するよ。
「天ぷら！刺し身！鍋！おひつ！」といった旅館メシもいいけど、この価格帯になるとそれとは一線を画す、"ならでは"なゴハンが食べられる（はず）。

※価格は高ければ高いほど「いい温泉」というわけではないので注意。基本は料理と設備にお金がかかっているよ。

@onsen_nagachi

サイトの雰囲気や言葉から相性をはかることをおすすめします。

温泉好きの知人が、「チェーンの高級宿より、ひっそり贅沢が味わえるようなこだわり一軒宿がいい」とつぶやいたことがあります。曰《いわ》く、チェーンだと一泊数万円で提供される食事やおもてなしに思想が感じられないことがある、と。いやもう本当に、同意しました。三万円以上するような高級宿は、世界観そのものにお金を払うので、画一的なサービスは求めていないんですよね……。設備の美しさだけに数万円も支払えないなあと思ってしまいます。高くなればなるほど、宗派に共感するお布施のようなものなのかな、と。**高級宿に泊まるときは、入信するような姿勢が最も楽しめるのかもしれません。**

BEER

_Tips 7 温泉を優先するのであれば、十部屋未満の小さな宿へ

霧島温泉（鹿児島）の奥にある「湯之谷山荘」は、湯船がとっても小さいです。が、温泉はめちゃめちゃに新鮮で、湯の花はふわふわ舞い、サイコーの湯が注がれています。なぜ湯船が小さいかというと、湧出する温泉の量に合わせて湯船の大きさを決めているから。湯之谷山荘だけでなく、温泉を大事にしている宿は、湯船を小さくしてでも、鮮度を第一に考え、源泉かけ流しの状態を保てるようにしています。→【写真4】

何十組ものお客さんを迎えられる大型の旅館やホテルは、ハチャメチャに湯船が大きいです。ジャグジーに寝湯にと種類がたくさんあり、湯浴《あ》みはレジャー的で楽しいですが、私個人的にはスーパー銭湯の風情を感じてしまってそんなにグッときません。よっぽどの湧出量があり、鮮度が保たれていればよいのですが……。多くの大型旅

館・ホテルは、たくさんの人が浸かることでお湯自体が汚れてしまいがち。さらに、湯船を大きくするために、循環消毒されていたり、加水されていたりすることから、温泉の個性が大きく損なわれていることも。それを差し引いても、大きな湯船は気持ちよくてたいへん魅力的ですが、温泉を優先する旅であれば、小さな宿をおすすめします。

十部屋未満の小さな宿では、一度に浸かる人が少ないので、当然大きな湯船を必要としません。脱衣所もコンパクトで、二、三組とタイミングがかぶると手狭に感じる程度だと思います。もちろん温泉の湧出量が多くなく、「循環消毒」「加水」などと手を入れている小さな宿もありますが、私の体感的には、大型ほどではありません。

小さな宿にはこだわりがあります。スタッフは少ないですが、その分一組一組との

[写真4] 工夫された「湯之谷山荘」の湯船。3つそれぞれ温度が異なる

コミュニケーションを大切にされているところも多いです。湯場は静かで、とにかくくつろげる。なにより高確率で「ひとり占め」できます。お客さん同士もそれを狙い合っている節があり、誰かが来ればそっと違う湯船に移動するなど、ひとり占めの譲り合いがよく起きます。温泉好き同士のやわらかいコミュニケーションが一晩中続く、言葉にしがたい心地よさがあります。サイコー。小さい宿、大好きです。

大型には大型のいいところがあります。例えば、統一感のある安心のおもてなし、比較的リーズナブルで広く受け入れられる料理、清潔を保たれた設備、バリアフリー対策などなど……。でも、ひとり温泉旅行には不向きかもな、となんとなく感じます。だって、安定した接客じゃなくても、ちょっと変わった味付けでも、手入れが届ききっていなくても、全て飲み込んで楽しめちゃうのがひとり旅のよさだと思うから。個性、大歓迎ですよね。

_Tips 8

宿選びの基準は「日帰り入浴を積極的に受け付けていないところ」

せっかく温泉旅館に泊まるのだから、「何度も」「長い間」浸かりたくなる温泉かどうかは、温泉オタク的に大事なポイントです。チェックイン後にまずひとっ風呂、夕食後にゆっくり長湯、いつもより早起きしてさっぱり朝風呂と、宿泊してまで楽しみたい温泉かどうか。これは、「一回浸かってみたいかどうか」とはちょっと別の視点です。雑誌で見たうわさのおしゃれな露天風呂や、温泉ファンがうなるような個性的な湯……もしかしたら〝一回浸かったら満足〟しちゃうかもしれません。旅館滞在中、「何度も」「長い間」足を運びたくなりそうかが肝なのです。

私は、「経験のために、一回浸かってみたい！」気持ちになる温泉は、基本的に日

帰り入浴で様子見します。そういった温泉は物見遊山なお客さんが多く、日帰り入浴を受け付けているところばかり。まずは浸かりに行ってみて、建物や雰囲気を観察して、「あ、ここは宿泊もよさそうだな」「もう一回、今度はじっくり浸かりたいな」と思えば宿泊客として再訪します。

では、宿泊するのはどういうところか。私がいつも見極めているのは、日帰り入浴を〝積極的に〟受け付けていない、すてきな温泉が湧く宿です。積極的でない目安はとってもシンプル。公式サイトに日帰り入浴の情報が載っていないのです。中には、日帰り入浴は受け入れていないと明記しているケースも。そういう宿はしようがない、どうしても浸かりたいんだから、泊まるしかありません。

日帰り入浴を積極的に受け付けていない宿は、掃除や整理をする余裕があり、おだやかに宿泊客を受け入れてくれる確率が高いです。宿泊客としてはうれしいかぎり（日帰り入浴客の立場になると、まずは一回浸からせてほしい……と思うのですが！）。日帰り入浴の有無をベースに、「一晩中浸かりたいほど、すてきな温泉っぽいか」を探ります。

例えば、趣深い湯屋の建築。貸切風呂に、離れの露天。異なる泉質の湯船。昼も夜も美しそうな景観。朝焼け、夕焼け、月見、星空、暗闇。ずっと浸かっていたくなるようなぬる湯。そういった魅力を探りながら、「ここは一晩中浸かりたいぞ」を見つけ出します。

あくまで〝積極的でない〟宿だとうれしい、ぐらいですので、評判も上々で絶対によさそうだと思ったら、日帰り入浴を受け付けている宿にももちろん泊まります。日帰り入浴は大好きですし、先ほど書いたようにめちゃくちゃ利用しています。だから、日帰り入浴だけだとお金を落とせる額が少ないので、なんだか申し訳ない気持ちになることも……。飲み物やおみやげを買い、少しでもお金を落とすことで、貢献できていればいいのですが。ちょっとした置き銭ができるとうれしいですよね。運営募金箱、置いてほしいなあ。

_Tips 9 「お得に泊まる」と「推し宿に課金する」の使い分け

宿泊業界の用語のひとつ、「OTA」。オンライン・トラベル・エージェントの略で、ネット上のみで取引を行う旅行会社（サービス）を指します。つまりは、楽天トラベル、じゃらん、るるぶトラベル、Yahoo! トラベル、一休.com、Reluxなどです。海外旅行でいえば、Booking.comやExpediaなどなど。エリアや料金で検索でき、ポイントも貯まり、クチコミ評価で良し悪しがよくわかることから、私自身もよく使うサービスです。が、OTAを介して予約をした場合、宿は送客手数料（六〜十数%ほど）を負担します。

だから、**〝直接予約〟が一番宿に貢献できる予約方法なのです。**公式サイトに予約機能があればそこから予約し、なければ電話で問い合わせます。ちょっと手間ですが、すべては「推し宿に課金したい」思いをかなえるため。送客手数料を計算すると、数百円から千いくらか円ですが、こういうのは気持ちであり、チリツモなので。ご指名の宿ならば、ぜひ直接予約してください。価格や宿泊プランなど、公式サイト独自のものを展開しているケースは少なくありません。公式サイト予約限定で「ワンドリンクサービス」「貸切風呂無料」といった特典をつけてくれる宿もあります。ぜひ見比べてみてください。

では、ＯＴＡを経由して予約するのはどういう場合か――「ＯＴＡ経由で初めて知った宿を予約するとき」ですね。この温泉地に泊まりたいけれど、宿を詳しく知らないし、候補も手元にない……そんなときは、頼るほかありません。検索条件を絞ってみたら出てきたような「はじめまして」の宿は、ＯＴＡがなければ知り得なかった存在です。ＯＴＡは時に宿を苦しめますが、新しい出会いに貢献しているのもご存知の通り。ＯＴＡか直接予約かは、シチュエーションや想いの強さによって使い分けてよいと思います。

ちなみに私は、じゃらんまたは一休．ｃｏｍを主に利用しています。リクルートポイント、Ｔポイント、バンザイ。使うＯＴＡはある程度絞らなければ、あまり恩恵を受けられません。レンタカーや航空券手配なども合わせてできるＯＴＡだと、ポイントも貯まりやすいので重宝します。

後述するＴｉｐｓ12「温泉旅行の最大の敵、交通費をなるべく抑えるために」にも詳しく書いていますが、クレジットカードの特典にあるＯＴＡで予約すると、さらにお得になる場合もあります。手元のカードの特典を把握していないのであれば、これを機にぜひ確認してみてください。予約だけでなく、旅行保険が元からついていたり、割安に保険契約できたりするカードもたくさんあります。

さまざまな手段を持ちつつ、自分にとって「お金を払って応援したい」宿泊なのか、「お得に泊まりたい」宿泊なのかを見極めていくと、心地よく温泉旅行を過ごせるはずです。**ＯＴＡは悪ではありません。有効活用していきましょう。**

どうやって行くか決めよう

_Tips 10

「温泉めぐり」を趣味にしたい人は、運転に慣れておいたほうがよい

（どうしても運転に抵抗がある方や、持病などで運転ができない方は、ぜひ次項をご参考にしてください）

私の両親は運転が大好きで、あちこちへ車で連れて行ってくれた記憶があり、自分が免許を取るのも運転をするのもまったく抵抗がありませんでした。全国各地の温泉

取材をすると決まった二十歳のときに免許を取得し、初心者マークをぶらさげて海へ山へと温泉求めて運転する日々。何万キロと移動した経験は、今も温泉旅行へ出かけるときに必要な〝度胸〟になっています。

いま、東京を始めとした都市で暮らしている大人は、「別にあえて車を持たなくても」「ペーパードライバーのままでも」と思っているはず。どこかへ行くにしても、高速バスや電車を使えば、行こうと思えばどこにでも行けます。運転しない旅行は、行きしなビールを引っ掛けられるのも魅力です。東京からであれば箱根や熱海、大阪からであれば有馬や城崎など、わざわざ運転する必要もない温泉旅行の行き先はたくさんあります。でも、**私のスタンスとしては、「温泉めぐりを趣味にするなら、運転に慣れておいたほうがよい」。自前で車を持つ必要はありませんが、現地でレンタカーを借りて移動するときの自由さは、温泉めぐりには欠かせないと考えています。**

都市で生まれ育った方以外の多くは、家に車があり、車がないと生活が不便な暮らしを経験してきたのではないでしょうか。あの〝不便な感じ〟を旅先でするとなると、結構なストレスです。地域の勝手がわからないため、調べることは格段に増えますし、ネット上に出てこない予想外な変化（乗り合いバスの廃止や、臨時休業など）もたく

さんあります。

いい温泉は、一日一本しか路線バスが通らないような山奥や、タクシーで三十分ほど行ったところにある温泉街の外れ、まったく公共交通機関が通っていない田畑の真ん中など、なにかと変なところに湧いています。マジで車がないと行けない（いや、物理的には行けるけど、めちゃくちゃ手間で、お金がかかる）場所ばかりです。「タクシーで行けばいいじゃん」と思われるかもしれませんが、流しのタクシーなんてまったくいないんですよ。自力で行くほかないんです。限られた旅程の時間の中で、ちゃんと「着いて」「ゆっくり浸かって」「また次の目的地に向かう」ステップを踏むとなると、どうしても電車やバスでは難しいのです。「次のバス三十分後だから、サクッと浸かろう」なんて、せっかく来たのにもったいなすぎやしませんか。車さえあれば、そんなことにならないのに。

　でも運転怖い、と悩む気持ち、よーくわかります。特に知らない土地なので、事故を起こしてしまったらどうしようとか、めちゃくちゃ思います。私自身、徳島の山奥でカーナビを信じすぎて細い竹林に迷い込み、脱輪してしまい、何キロか山道を歩いて下って民家のおばあちゃんに助けを求め、何時間もおばあちゃんの話し相手をしながらJAFを待った経験があります。あれはしんどかった。携帯も圏外で、とにかく不安でした。もしあの民家が空き家だったら、完全に終わっていました。

とにかく、事故を防ぐために気をつけていくしかありません。慣れない首都高は避け、主要な空港や新幹線駅まで向かい、そこでレンタカーを借りればOKです。ちょっと遠回りしてもいいから、運転がしんどそうな山道は通らないこと。事前に目的地（温泉地や旅館）のアクセスを調べて、推奨されているルートを通ること。自信がなければ、免責補償をすべてつけること（私は全部つけてしまいます、怖いので……）。ほとんどの地域は、都市での運転よりよっぽど楽なので、練習にもなると思うんです。まずは誰かと一緒に行く温泉旅行でもいいから、運転慣れしてみませんか。温泉に限らず、国内旅行がぐーんと楽しくなりますよ。→【写真5】

[写真5] 温泉の湧く離島・式根島での1枚。車があると本当に楽！

_Tips 11

電車とバスだけで行きたい人は、こんな温泉旅行をしよう

前項でめちゃくちゃに車だ免許だと書きましたが、どうしても運転に抵抗があっていやだという方や、持病などで乗れない方もおられると思います。電車とバスだけで行ける温泉旅行もあるので、安心してください。

車で行く温泉旅行は、とにかく「はしごしやすい」が魅力です。あの温泉に浸かったあとはこっちに行って、ここにもサクッと浸かって……といった、パワフルな旅程になりがち。**電車とバスで行く温泉旅行はその逆で、ひとつないしふたつの温泉地を、じーっくり堪能する旅行になると思います。湯治など、連泊をメインとした温泉旅行にもチャレンジできます。**

例えば箱根なら、箱根湯本で一泊して、翌日ちょっと観光スポットで遊び、二日目

は強羅《ごうら》に一泊。伊豆なら、一日目は熱海、二日目は伊東、三日目は北川《ほっかわ》と、徐々に南下して、地続きの温泉めぐりをするのもよさそうです。

湯治宿に挑戦してみるなら、思い切って東北へ。山奥にぽつんと建っているところが多く、観光や飲み歩きの誘惑が少ないため、湯治に集中しやすい環境です。青森の酸ヶ湯《すかゆ》温泉や谷地《やち》温泉、秋田の玉川温泉や後生掛《ごしょがけ》温泉、岩手の大沢温泉などがおすすめ（行き帰りがやや大変ですが、着いてしまえば極楽！）。古きよき宿でゆっくり骨休みをし、身も心もさっぱり洗い流すような温泉旅行になると思います。

別府など、観光に力を入れている温泉地には、レンタカー料金で一日ハイヤーを受け付けているタクシー会社もあります。ひとり温泉旅行だとやや割高になってしまうかもしれませんが、運転に抵抗があればそのやり方もよさそうです。

また、**鉄道に重きを置くのも、運転しない旅行スタイルならでは。**白神《しらかみ》山地と日本海を窓辺に望みながら進む青森―秋田間の「リゾートしらかみ」や、もくもくと蒸気を上げて力強く走る「ＳＬぐんま　みなかみ」は、温泉とセットで楽しめる〝鉄旅〟

にぴったりです。↓【写真6】

いずれにしても、レンタカーの旅よりは交通費が抑えられるはずなので、その分を宿代に回せます。**あまり移動しない旅ならば、チェックインからチェックアウトまでたっぷり贅沢に過ごせる高級宿を予約するのも手。**どこにどう重きを置くかで、温泉旅行はがらりと変わります。車旅も電車／バス旅も、魅力はそれぞれにあるので、自分に合ったほうを選んでくださいね。

[写真6]「リゾートしらかみ」にて。景色を堪能できるのは鉄旅ならでは

_Tips

12

温泉旅行の最大の敵、交通費をなるべく抑えるために

国内の温泉旅行は、なんだかんだと韓国や台湾へ行くより高くついてしまうこともしばしば。特に難敵は交通費で、ＬＣＣを使えば一万円ほどでひゅーっと近場のアジア諸国へ行ける今、二万円近くかけて国内線の飛行機や新幹線に乗るのですから。このまま比較してしまうと、グルメとファッションが楽しくて目新しい海外になびいてしまいそうですが、ちょっと待って。ものすごく安くはできないけれど、工夫次第で交通費を浮かせることも可能です。

とにかく一番値段を抑えられるのは、送迎バス込みの宿泊プランを予約すること。全国にある「おおるりグループ」をはじめ、各温泉地の大型ホテルが送迎付きプラン

を展開しています。自力で行くより割安なので、「今月ピンチだけどどうしても温泉浸かってゆっくりしたいぞ」なときは、ぜひ利用を検討してみては。

安く済ませるもう一つの手段が、高速バス。中には、主要駅（新宿駅や東京駅など）と温泉地を直通で結んでいるものもあります。例えば東京都心発だと、草津・伊香保《いかほ》・四万《しま》（群馬）、那須（栃木）、河口湖・石和《いさわ》（山梨）など。大阪発も、城崎・湯村・洲本《すもと》（兵庫）、南紀白浜（和歌山）などなど、さまざまな温泉地とつながっています。電車やレンタカーよりも比較的安くたどり着けるのが魅力ですね。

「ちょっと長時間の高速バス移動はしんどいぞ」な方には、圧倒的に「駅レンタカー」がおすすめ。ＪＲとレンタカーをセットで予約すると、乗車券が二〇％割引、レンタカー料金が免責補償料込みになるなど、めっちゃくちゃお得に買えます。新幹線or特急電車＋レンタカーの旅行の際は、これで決まりです。私も群馬や新潟を訪れる際、何度も使っています。駅直結のレンタカー屋さんなので、返却も楽です。

飛行機＋レンタカーの際は、まず地元のレンタカー屋さんの値段を調べます。数日間〜一週間ほど長く借りる場合は、パック料金で展開しているケースもあり、けっこうお得に借りられる場合も。四国や北海道など、エリアが独立しているところほど、パック料金を展開してくれています。

また、レンタカー料金比較サービス（たびらい、トラベルコ、じゃらん、楽天トラベル等）はかなり有用。ニッポンレンタカーやトヨタレンタカーなどのサイト経由で調べた正規料金より、なぜか比較サービス経由のほうが一万円近く安くなっている場合も。

基本的なことではありますが、航空券はＪＡＬ／ＡＮＡどちらかを決めてマイルを貯めるなど、コツコツ積み立てるのも大事です。ＪＡＬは七十五日前、五十五日前、四十五日前、二十八日前と早割を展開しているので、早めに計画を立てて安く航空券を買うのが一番手間はかかりません。ＡＮＡもほぼ同様の日付で早割を展開しています。

ちなみに私は、持っているクレジットカードの特典で、Ｅｘｐｅｄｉａ、Ｒｅｌｕｘ、Ｈｏｔｅｌｓ．ｃｏｍなどの割引クーポンを使って予約をする場合もあります。クレジットカードの特典は意外と忘れがちなので、この際きちんと調べて有効活用してみるのも手です。

あらゆる方法を試みて、ほんの少しでも交通費を安くさせながらも、満足度は落としたくないからちょっと多めに宿にお金を出す。海外や国内に限らず、旅行の鉄則です。

_Tips

13

「あこがれ雪見露天」のハードルを下げる〝送迎充実〟な温泉地

雪がしんしんと降り積もる中、露天風呂でじゅわっと体を温める……旅情あふれる理想的なワンシーンですが、実現するハードルの高さをひしひしと感じます。なんといっても交通の便。雪道に慣れていない私のようなドライバーが運転するのは危険なので、電車やバスで行ける温泉地に限ります。もちろん確実に雪が積もっていないと、テンション上がらない。暖冬の多い昨今、行ってみたら「あれ、意外と積もってなかった」なんてこともしばしば。そして、雪道を歩き回るのは大変なので、散策するのが楽しい温泉地もやめたほうがよさそう。……そう考えると、けっこう絞られてくるのです。

選ぶポイントは、「送迎充実」な温泉地かどうか。新幹線や特急電車が停まる主要駅から送迎をしている宿が多いと、俄然行きやすくなります。東京発で考えると、軽井沢駅からの送迎バスで万座《まんざ》温泉（群馬）か、福島駅からの送迎バスで高湯温泉（福島）、松本駅からの送迎バスで白骨温泉（長野）がよさそう。草津や越後湯沢も雪見露天がかないやすく、比較的行きやすい温泉地ですが、タイミングによって雪がうまく積もっていないときも。東北や北海道まで行くとなれば、山形駅からの送迎バスで蔵王《ざおう》温泉（山形）、新幹線とバスを駆使して乳頭温泉郷（秋田）、北海道なら積雪状況を確認しながら、札幌・新千歳からバスで行ける定山渓《じょうざんけい》温泉、登別《のぼりべつ》温泉、ニセコ温泉郷、洞爺湖《とうやこ》温泉あたりがいいと思います。

　私も雪見露天が大好きなのですが、自分の意思で移動するのがほとんど難しい状況のため、一泊二日のさらっとしたおこもり旅にしてしまいがちです。**温泉地をはしごするような湯めぐり旅行は、十一月までに限ります……！** ↓［写真7］

［写真7］高湯温泉「安達屋旅館」。白く濁った湯で雪見露天、サイコー……！

宿での過ごし方

_Tips 14

温泉が空いている時間帯は、「夕食直前」「深夜」「チェックアウト直前」

湯船をひとり占めする時間がとても好きです。あの贅沢で、静かで、ちょっと落ち着かなくて、思わず「うはーっ」と声に出してしまいそうなひととき。思い出すだけで胸がいっぱいになります。

あのひとときを味わうために、なるべく空いている時間帯を狙って行動しています。

空いている時間の見つけ方は、「逆張り」。当然、みんなが行かなそうな時間帯を狙うのです。例えば温泉旅館に着いたとき、まず浴衣に着替えて温泉へざぶんといっちゃいたくなりますよね。だから、チェックイン後（十六〜十八時ごろ）は、利用客が比較的多いはず。その波が一段落した、十八〜十九時ぐらいの、夕食直前こそがいいタイミングです。夕暮れから夜に差し掛かる幻想的な雰囲気を、のんびり味わえちゃいます（ただし、夕食に遅れないよう時間を確認しながらですが）。

夕食後、ちょっと部屋でだらだらしたら、また温泉に浸かりたくなるもの。ここでもワンテンポ置いて、なるべく夜遅いタイミングを狙います。二十四時間浸かれる宿であれば、消灯後（二十二時以降など）が理想。音を立てないように扉を開け、そうっと湯場へ繰り出し、夜中に延々と湯に浸かっている心地よさといったら！……本当にたまりません。デメリットとしては、人気《ひとけ》が少ないので、消灯後の宿を歩くのはちょっと心許ない、ぐらいです。

「朝起きたら、朝食前にひとつ風呂」も同様、他のお客さんとタイミングがかぶってしまいがち。だから私は、なるべくチェックアウト直前（九〜十時ごろ）を狙うのですが、これはやや危険な手。当然、化粧や身支度に十分な時間をとれず、チェックアウトがバタバタしてしまいます。朝風呂はどうもまだ、解が見いだせていないかもしれません。早朝であれば空いている可能性もありますが、起きられないんですよね……（夜中に温泉浸かっているから）。

ちなみに日帰り入浴であれば、「朝一オープンから一時間後」「お昼時」「夕食時」「受付終了間際」などなど、お客さんが少なくなるタイミングを狙うとのんびり浸かれます。混雑回避したい方はぜひ、お試しあれ。→【写真8】

【写真8】妙見温泉「田島本館」より。ひとり占めの湯船、美しすぎる

Tips
15
治安のいい日本だけど、これだけは防犯気にしておこう

温泉取材で、とある離島の民宿に泊まったとき、引き戸に鍵がついているタイプの客室に通されたことがあります。「引き戸に鍵タイプ」は古い旅館や民宿であればそんなに珍しくないのですが、心許ないなあ、と不安がってしまいます。あの、ちょっとした武器でガーンとやればあっという間に開いてしまいそうな、性善説に基づいた造形……。誰も開けてこないのに、なんらかにこじ開けられそうでうまく眠れません。極度の怖がりです。→【写真9】

そんな性分にもかかわらず――当時は二十歳になりたてで、怖いもの知らずでもありましたが――全国各地の温泉取材をしているときは、毎日車中泊でした。道の駅に

車を停めて、後部座席に敷いたマットで眠る日々。男性だと思われるように小物をメンズで揃え、すべての窓を黒いカーテンで覆い、キャンピングカーのすぐ横に停めて（道の駅に夜停車しているキャンピングカーには、必ず誰かが泊まっています）、いつでも助けを求められるようにしていました。汚い話ですが、道の駅の洗面所に夜、ひとりで歯磨きをしに行くのが怖くて、車内で空いたペットボトルや缶を使って済ましたことも……（翌朝きちんと洗って捨てました。声かけられるのをとにかく避けたかった）。女ひとり車中泊で、自分なりに身につけた防犯対策でした。

今でもひとりで温泉旅行をすると、前述の通り「引き戸に鍵タイプは心許ない」だのなんだのと、ちまちまと不安がって過ごしています。日本は治安のいい国ですが、もう本当に、何が起こるかわからないですから。防げるものは全力で防ぐしかありません。

[写真 9] 引き戸に鍵タイプの客室は、正直心許ない……

私が実践している防犯対策のひとつは、「リアルタイムでどこにいるか、SNSに書かない」。これは、私のTwitterアカウントをいろんな方に見ていただいているからではありません。友達しかフォローしあっていないInstagram、Facebookでも同様です。**どこからどう見つけて、「おっ、女ひとりなのか」と狙われるか、全くわかりません。まずは危ない人に認知されないよう、今どこにいるのか、これからどこへ行くのか（泊まるのか）、とにかく書かないことです。**一番の理想は、帰宅してから「こんなところに行ってきたよ」と発信すること。長旅であれば、せめてその地を発った二〜三日後など、それからどこへ向かったかほとんど予想がつかないぐらいタイムラグを作るのが理想だと思います。

そして「人気《ひとけ》のない無人の温泉には浸からない」。お金をいくらか箱に入れて浸かるような無人の共同浴場や、自然の中に湯船があるだけの野天風呂は、人気がなければ避けましょう。十年ほど前には、そういった秘湯にひとり浸かっていた女性が殺害された事件もあります。怖がりながら浸かったって全然心地よくありません。

外を出歩くのは夜遅すぎないほうがいいですし、泥酔するまで飲酒しないほうがいいです（何かあっても判断が鈍るので）。客室や宿をグレードアップしてちょっとでも安心できるのであれば、ぜひそうしてください。不安はほとんどの場合、お金とちょっとした行動で解消されます。女性だからより防犯に留意しなければいけない世の中はつらいものですが、「自衛」と考えれば、少しは気が楽になるものです。

余談ですが、私は十八、十九のとき、バックパッカーをしていました。一泊数百円のカビの生えたゲストハウスに泊まり、東南アジアを旅行していたあのころ。底知れない度胸は、誰にも狙われないと勝手に思い込み、お金がないふりをして、旅慣れた男性たちと肩を並べていたい気持ちからきていたのだと思います。もう千円二千円出せば、ちょっとしたホステルに泊まれたはずなのに。いや、ああいうゲストハウスの経験が生きているから、今も勇気を出していろんな温泉へ行き、こうやって本を書いているのだと思うのですが。大人になった今日も、十八、十九のときのような旅行スタイルを取り入れ、わざわざ危ない橋を渡る理由なんてどこにもないんですよね。あの年齢には、あの年齢なりの楽しみ方があったに過ぎないと、つくづく考えるのです。

日帰り入浴する温泉を決めよう

Tips 16

日帰り入浴は「ついで」じゃなくて、もうひとつのメイン

旅程を組むとき、「どこで日帰り入浴するか」を考えるのが好きです。せっかく温泉旅行に行くのに、泊まる旅館の温泉だけじゃあもったいない。「いい温泉」は旅館だけでなく、温泉地からほど遠い素朴な日帰り入浴施設にも注がれています。ついでにサクッと浸かるというより、もうひとつのメインなのです。

日帰り入浴の種類は、おおよそこんな感じ。

❶温泉街にある外湯、共同浴場

利用者は観光客が多く、きれいに手入れされていて、旅情ある施設も多くあります。旅館よりも新鮮な湯を引いている場合があり、まずは浸かってみるのがベター。「元湯」「総湯」「大湯」といった名前を掲げているところも。館内には歴史を物語る看板や写真が飾られていることもあり、古くから愛されているその尊さに思いを馳せます。

❷温泉地にある、無人の日帰り入浴施設

古い温泉地によくある、観光スポット的な湯船です。野天風呂のパターンと、事前に賽銭箱のような箱に小銭を入れて浸かる小屋パターンがあります。野天風呂パターンはほとんど混浴で、バスタオルＯＫは少なく、女性ひとり客のハードルがかなり高め。私はだいたい遠くから見つめて、「おじさんが入ってる……気持ちよさそうでいいな……」と羨むだけで終わります。小屋パターンもよくありますが、他にお客さんがいないと大変心許ないので、よっぽど浸かりたい温泉でなければパスします。温泉

街に小屋パターンが点在していて、それらをめぐることを推奨している野沢温泉（長野）などは、新鮮な温泉体験なのでおすすめ。すばらしい湯が注がれています。

❸旅館がチェックアウトからチェックインの間に受け入れてくれる日帰り入浴

十〜十五時などの時間帯で、日帰り入浴をさせてくれる宿があります。私はたいてい、「泊まるのはちょっと値段的にハードルが高い」「うわさの温泉、まずは泊まるよりも浸かってみたい」といった理由で、この日帰り入浴を選びます。千円前後で浸からせてくれるところが多く、泊まるとなると十倍近くかかるはずなので、温泉だけを楽しむならリーズナブル。宿によっては「昼食付き日帰り入浴プラン」のみを展開しているため、その場合は三千円ほど支払って優雅に二時間ほど滞在します。あこがれ宿の湯にお得に浸かるチャンスなので、旅行の午前中は忙しくなります。

❹住宅街や山間にポツンと建つ、日帰り入浴専門施設

地元客が多いため、生活感ある雰囲気を漂わせています。木桶ではなくプラスチックの洗面器が備えられ、常連客のシャンプーセットが置いてあることも。しかし侮《あなど》る

_Tips
16

ことなかれ。いい温泉が湧いているところも多く、事前の情報収集なしにはたどり着けない穴場がたくさんあります。大体、一見《いちげん》の客が訪れると、常連さんが「私は毎週通っていて、膝が軽くなった」「この湯は本当に、どの温泉よりもすばらしい」と愛を語ってくれます。

　このうち、私がもっとも楽しみに訪れるのは❹。おそろしいほどの個性を持ち、「なんでこんなところにこんな湯が」と驚きがあるのは断然❹です。❹に出会うためには、前述の通り、事前にどこにあるのかを調べておく必要があります。**道すがら、たまたま名湯に出会えることはありません。わざわざ遠回りしたり、足を伸ばしたりして出会えるような場所ばかりなのです。**また❸も、事前に調べておきたいところ。チェックアウトからチェックインまでのわずかな時間帯に日帰り入浴したいがために、わざわざ朝早く出発して車を走らせる旅程を何度も組んできました。**温泉オタクの温泉旅行は、十五時までが勝負なんですよね……。**

　そんな必死で行きたくなる日帰り入浴をどう探しているのかは、次の項目でご紹介します。↓【写真10、11】

[写真 10] 熊本市内の住宅街にひっそりと佇む日帰り入浴施設「宝田温泉　宝の湯」

[写真 11] 宝田温泉。まさかここに、アワアワ炭酸泉が湧いているなんて……

_Tips 17

ガチで推せる温泉レビューサイト＆ブログ

前項で書いたとおり、日帰り入浴の情報収集は温泉オタクにとって肝心です。ただし「本当にいい温泉なのか」を見極める作業は、宿探しよりも手間がかかることも。トリップアドバイザーやゆこゆこなどには温泉施設のクチコミが書かれていますが、投稿者はどのくらい温泉好きで、経験があるのかは、読み込んでもわかりません。書き込みをするくらいだから熱量のあるファンだとも思えますが、もう少し確固たる情報がほしいのです。

そこで頼りになるのが、温泉レビューやレポートブログを書き続けている個人運営のサイト。自分にとって信頼できる目利きが太鼓判を押していれば、「行ってみよう」と思えるものです。

私がまず開くサイトは、**「秘境温泉　神秘の湯」**。管理人による全国各地の温泉レポートが五〇〇件近く掲載されており、めちゃくちゃに参考になります。ここで「極上湯」「上質湯」と太鼓判を押されていれば、まず外れはありません。ページが見やすく、検索性も高いのがサイコー（温泉レビューサイトでは貴重です）。ひなびた雰囲気なのか、モダンな施設なのかも一目瞭然なので、「ここはなんとなく、ひとりだと勇気がいるな」「サクッと浸かるにはもったいなさそう。時間多めにとっておきたい」など、具体的な旅程の組み込みもしやすいです。

訪れる温泉のめどが立ってきたら、次に確認するのは**「ああ、いい湯だな　名湯・秘湯・立ち寄り湯」**。インターネット黎明期のホームページデザインをそのままに、粛々と各温泉のレポートを更新し続けているサイトです。「いい湯だなの管理人、この温泉には行ったかな」「どんな感想書いたのかな」などと、秘境温泉のサイト同様、まったく見知らぬ管理人に、全幅の信頼を寄せています。情報量が豊富で、フラットな文章表現も心地よい。大好きです。

温泉レビューサイトは、地域特化しているものも少なくありません。例えば、箱根・伊豆エリアであれば**「井伊部長の温泉グルメ探訪」**、東北エリアであれば**「東北の天然温泉手帖」**、九州エリアであれば**「知られざる地元の名泉」**などなど。地域のことをよく理解しているからこそのレビューもぜひ参考にしたいです。

私の情報発信のメインプラットフォームであるＴｗｉｔｔｅｒでも、ウォッチしている温泉好き・旅行好きのアカウントがいます。毎回温泉の選定もすばらしくて参考にしているのが、@ropross さんと、@happy_dust さん。年中さまざまな温泉地に出向かれている方々です（面識はありません）。写真も美しく、それぞれの温泉の特徴をわかりやすく書かれていて、いつも「うわ〜〜！　ここ行きたいな〜〜！」と平日会社でタイムラインを見ながら悶えつついいねを押しています。ぜひ覗いてみてください。写真も美しい、すてきな玄人です。

余談ですが、最近は「行った」より「行きたい」のツイートも見かけるようになりました。公式サイトなどの美しい画像を引っ張ってきつつ、「ここ最高、行ってみたい」と一言添える感じで。私も「こんなところ知らなかった！　すてき〜！」といいねを押す反面、「行った人の感想ではないから、本当にいいところかどうかは見極めなくては……」と思い直すのです。Ｇｏｏｇｌｅ検索結果と同じく、「本当にその人の〝レビュー〟かどうか」は確認しておきたいですね。

_Tips 18 日帰り入浴は「どこに」「いつ浸かるか」も しっかり旅行計画に入れる

旅行計画はいつも、Ｇｏｏｇｌｅマップとメモ帳でまとめます。

まず、日帰り候補と宿泊候補を色分けしてプロットしていきます。その際、画像（P85）の通り、日帰り入浴施設の「営業時間」「定休日」もメモに残しておくと楽。地図に落とし込むことで、「この空港（または新幹線駅）をスタート地点にしよう」「だいたいこのルートで行けばよさそう」とイメージが湧いてきます。あくまで候補なので、あまり絞らず気になったところはプロットしていくのがよいです。なんらかの旅程変更（例えば、行きたいと思っていた日帰り入浴施設が臨時休業だった、など）で時間がぽっかり空いてしまったときに、「だったら、候補に入れていたここに行ってみよう」とすぐ切り替えられるためです。その場で検索してよさそうな温泉を探すのは、あまり得策ではありません。道すがら見つけたいい雰囲気の施設にふらっと入るのも旅行の醍醐味なので、ガチガチに固める必要はないのですが。あくまで目星をつけておくイメージです。

ちなみに、日帰り入浴の営業時間や定休日を調べる際は、なるべく施設の公式サイトか、観光協会・旅館組合のサイトを参考にしましょう。**だれかのクチコミやブログに頼っていると、情報が古い、または間違っていることが多々あります。**旅館の温泉が日帰り入浴を受け入れているかわからない場合は、公式サイトの「よくある質問」や「アクセス」などの一見関係なさそうなページもチェックを。「日帰り入浴していますか？」はよくある質問なので、ここで答えてくれているケースがままあります。

だいたいプロットしてルートのアタリがつけば、メモ帳へ落としていきます。

_Tips
18

[Google map]
例えば、2019年冬、山陰へ旅行したときのGoogleマップはこんな感じ。
※Googleマップには任意の場所をプロットして管理できる「マイマップ」機能があります。おすすめです。

例えば、二〇一九年夏、新潟へ二泊三日したときの旅程はこんな感じでした（P87）。

いつ、どの日帰り入浴施設に浸かるかも、結構しっかりめにメモに入れ込んでいます。繰り返しますが、この通りにいかないことがしばしば。インターネットに載っていなかった臨時休業や、日帰り入浴お断りなどに、旅程変更を余儀なくされることは何度もありました。というか、だいたい一旅行につき一回は起きます。

Ｇｏｏｇｌｅマップとメモ帳ではっきりとさせることはただひとつ。どの日帰り入浴に、いつ浸かるか。

つまり、「お目当ての日帰り入浴は、何時から何時まで開いていて、定休日はいつなのか」を把握しておくことが、ものすごーく大事です。なぜなら、実際に行く日程と照らし合わせてみると、「いやこの日、日帰り入浴が定休じゃん」とか、「〇時に着く新幹線に乗る予定だったけど、すでに受付終了の時間過ぎてるじゃん」が、往々にしてあるから。日帰り入浴は、それ専門の施設でない限り、ものすごく変則的なので

■1日目
新幹線で新潟駅へ。駅でレンタカー借りる
【日帰り】
出湯温泉 清廣館
└要問合せ。週末はほぼ無理
新津温泉
└8時〜19時。定休はお盆と年末年始
↓
2時間（107km）
↓
【宿泊】
栃尾又温泉　自在館

■2日目
栃尾又温泉 自在館
↓
10分
↓
【日帰り】
駒の湯温泉　駒の湯山荘
└8時〜16時。おそらく無休
↓
1時間半（61km）
↓
まつだい芝峠温泉　雲海
└10時〜20時。水曜定休
↓
【宿泊】
酒の宿 玉城屋

■3日目
酒の宿 玉城屋
↓
1時間ちょっと（50km）
↓
【日帰り】
貝掛温泉
└11時〜受付終了14時
↓
越後湯沢駅から新幹線で帰る

［メモ帳］
例えば、2019 年夏、新潟へ 2 泊 3 日したときの旅程はこんな感じでした。

す。

公式サイトがあまり更新されていなかったり、数年前のクチコミ情報しかインターネットに載っていなかったりする施設は、なるべく事前に問い合わせることをおすすめします。当日の電話でもＯＫ。「きょうは日帰り入浴を受け付けていますか」と聞くだけで、ほとんどが愛想よく応えてくれます。ただし旅館の場合は、チェックアウト後から少し経った、落ち着いたころのほうが心証いいと思います。

おひとりで細々と営んでいるような施設は、残念ながら電話に出ていただけないこともままあります。そういうときはチラッと様子見しに行ってもよいですが、閉まっているケースが多め。

宿にとっては、日帰り入浴はあくまでも副次的な取り組みなので、過度な期待は禁物です。

2

あなたの推し温泉候補たちを、温泉チャートで味わう

Tips 19

東京から一泊二日で行ける おすすめ温泉チャート

二〇一九年七月、Ｔｗｉｔｔｅｒに一枚の画像を投稿しました。その名も、「東京から１泊２日で行けるおすすめ温泉チャート」。瞬く間に広がり、メディア取材や執筆依頼など、ありがたいことに多くの反響がありました。

元はといえば、友人・知人から「どこかいい温泉知らない？」と個別に相談されることが多く、その度に「どうやって行くの？」「どんな風に過ごしたいの？」とヒアリングするのが億劫になってきたから……と、やや後ろ向きな気持ちから作ったのでした。こういうものをＴｗｉｔｔｅｒに流すと、「〇〇が入っていないのはなぜ？」「〇〇な結果なのはおかしい」と指摘いただくのですが……あくまで私個人の独断と偏見から生まれたものとして、ご参考にしてください。

ポイントは、「電車／バスだけで行きたい」かどうかを最初の問いに置いていること。俯瞰すると、この問いでチャートの結果が、左側は公共交通機関で行く温泉地、右側は車で行く温泉地と二分されているのが見えると思います。とはいえ、右側は車でないと行けないわけではなく、基本的にはどこも公共交通機関で行けちゃいます。ただ単純に行き帰りではなく、「現地での過ごし方」も加味し、このような結果にしています。例えば箱根は、電車でもバスでも行ける温泉地ですが、広大なエリアに観光スポットが点在し、人気温泉地ゆえに混雑しているため、車での来訪をおすすめしています。チャートの後ろにそれぞれの温泉地の特徴もまとめているので、そちらもぜひチェックを。

東京から1泊2日で行けるおすすめ温泉チャート

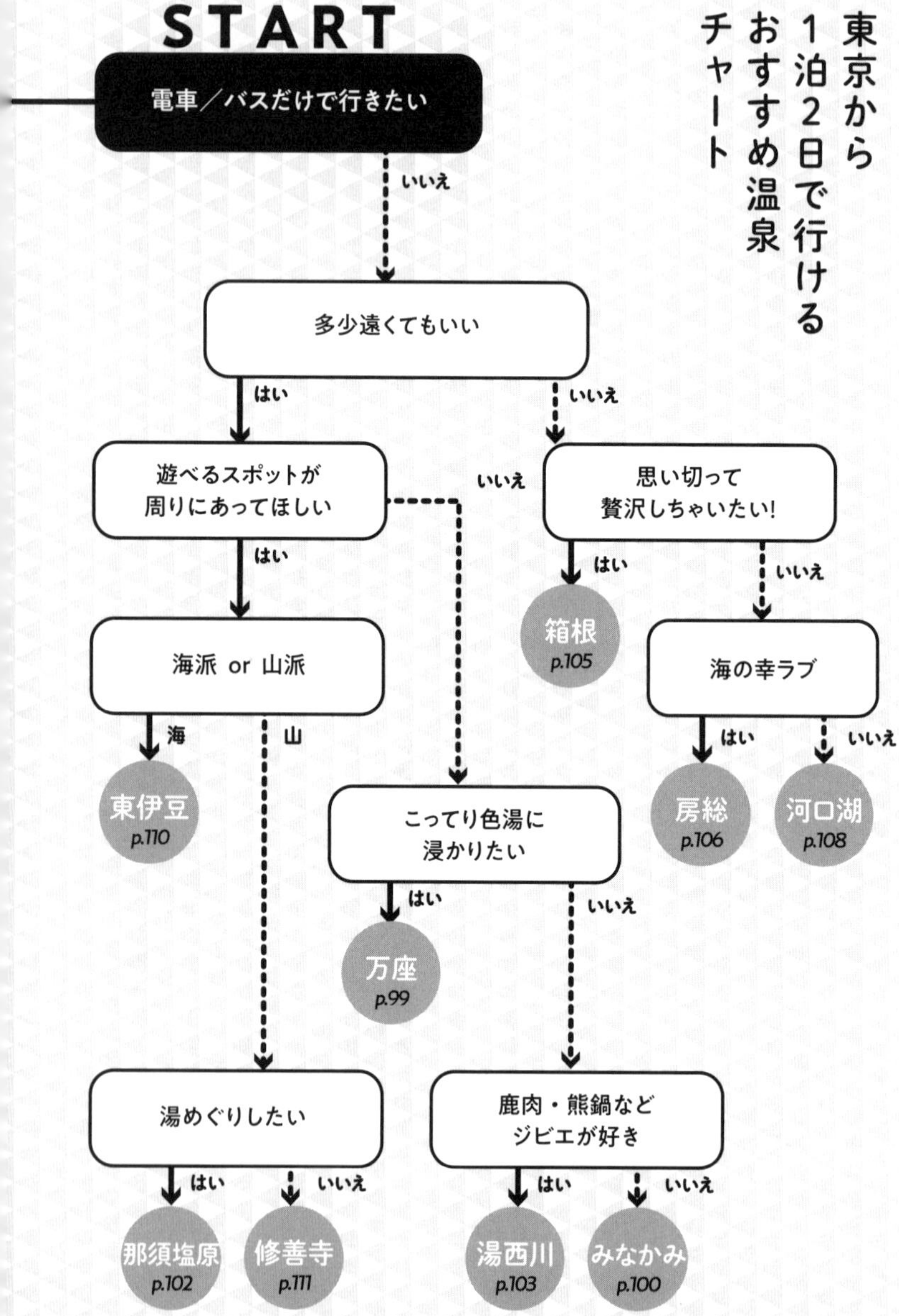

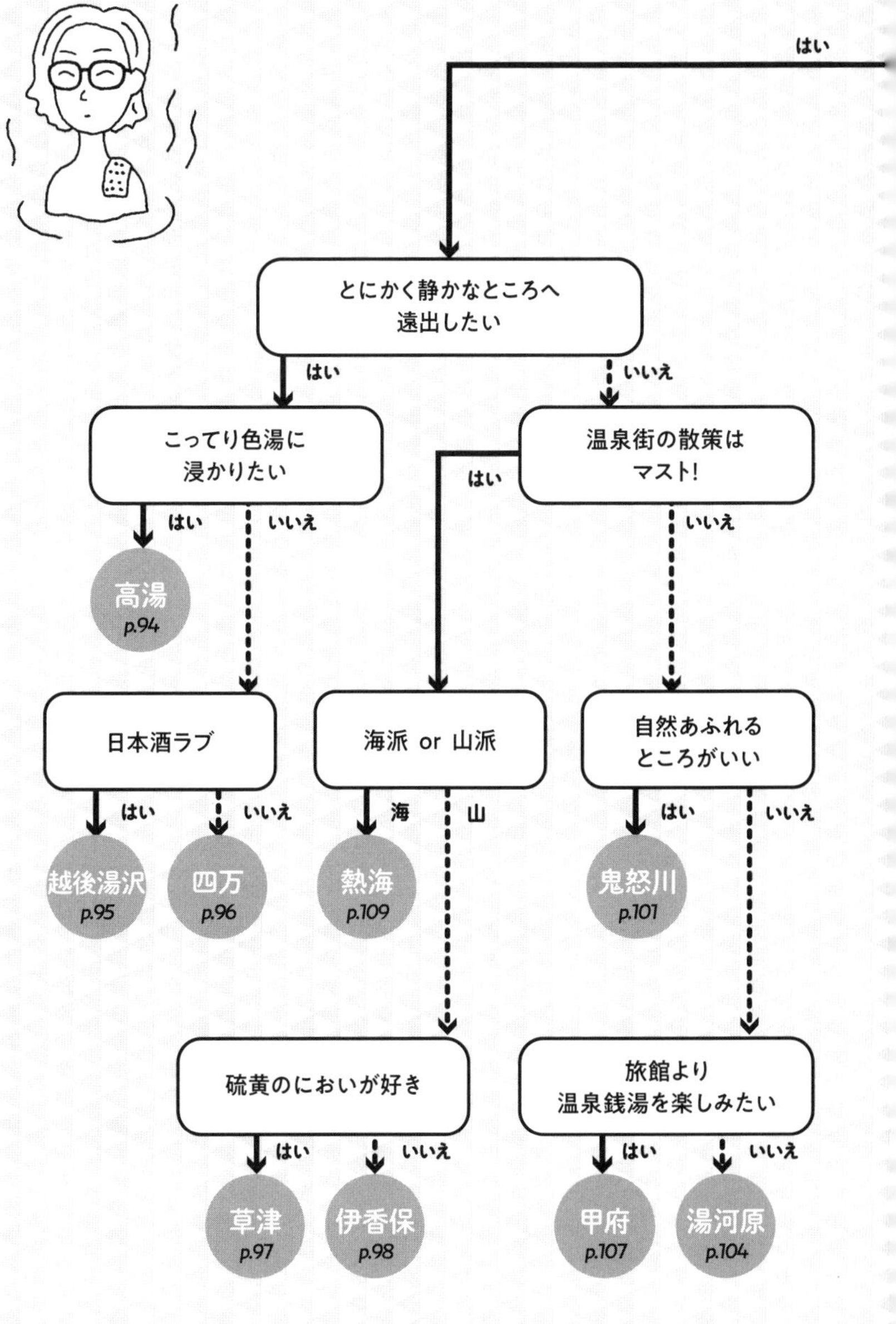
はい
とにかく静かなところへ
遠出したい
はい
いいえ
こってり色湯に
浸かりたい
はい
いいえ
高湯
p.94
温泉街の散策は
マスト!
はい
いいえ
日本酒ラブ
はい
いいえ
越後湯沢
p.95
四万
p.96
海派 or 山派
海
山
熱海
p.109
自然あふれる
ところがいい
はい
いいえ
鬼怒川
p.101
硫黄のにおいが好き
はい
いいえ
草津
p.97
伊香保
p.98
旅館より
温泉銭湯を楽しみたい
はい
いいえ
甲府
p.107
湯河原
p.104

高湯温泉（福島）

_Takayu Onsen

・電車／バスだけで行きたい
・とにかく静かなところへ遠出したい
・こってり色湯に浸かりたい

高湯は「一切の鳴り物を禁ず」の、とても静かな山奥の温泉地。ほぼ旅館しかありません。硫黄のにおいが豊かな白濁の温泉は極上です。宿でゆっくりしたい温泉旅行の際におすすめです。東京駅から新幹線に乗り、一時間半で福島駅へ。高湯の旅館の多くは福島駅からの送迎を行っているので、事前に送迎依頼をしておきましょう。

「安達屋旅館」

越後湯沢温泉（新潟）

_Echigo Yuzawa Onsen

- 電車／バスだけで行きたい
- とにかく静かなところへ遠出したい
- 日本酒が好き

東京駅から新幹線に乗り、一時間ほどで着く越後湯沢。駅ナカには日本酒の試飲ができる販売所やレストランがあり、駅から徒歩圏内にも見学ができる酒蔵があります。越後湯沢はさらりとした温泉ではありますが、とにかく食事とお酒がおいしくて最高。こだわりの宿も多いので、グルメな旅行がしたいときにおすすめです。

越後湯沢駅構内の寿司屋「本陣」

冬はスキー客が大勢！　混雑回避なら暖かい時期に

_Shima Onsen

四万温泉（群馬）

・電車／バスだけで行きたい
・とにかく静かなところへ遠出したい

群馬の山間にある小さな温泉地・四万《しま》。中之条ビエンナーレ（一年おきに開催する国際芸術祭）の舞台のひとつでもあり、素朴ながら楽しみ方がいろいろあります。特に『千と千尋の神隠し』のモデルとも噂されている宿「積善館」は必見。美しい木造建築と湯屋に心打たれること間違いなしです。東京駅や新宿駅から高速バスで四時間ほど。

「積善館」

温泉街はノスタルジックな雰囲気で写真映えします

草津温泉（群馬）

_Kusatsu Onsen

・電車／バスだけで行きたい
・温泉街の散策はマスト
・山派
・硫黄のにおいが好き

日本三名泉に数えられる、天下の名湯・草津。やや行きにくい場所ですが、温泉街の情緒や温泉の個性はすさまじく、満足度高く過ごせると思います。人気の温泉地ではあるものの、ひとりでふらりと入れるレストランや居酒屋が並んでいるのが嬉しいポイント。電車＋バスの乗り継ぎでも、高速バス一本でも行けます。

湯畑周辺の温泉街

伊香保温泉（群馬）

_Ikaho Onsen

・電車／バスだけで行きたい
・温泉街の散策はマスト
・山派

草津よりもう少し手前にあり、群馬県の温泉の中では比較的東京から行きやすい温泉地です。石段街の温泉街が美しく、上がったり下がったり散策するだけで一日が終わってしまいそう。硫黄くさくはありませんが、鉄分豊富な黄金色の温泉もたいへん魅力的です。電車＋バスの乗り継ぎでも、高速バス一本でも。

石段街

温泉まんじゅう発祥の地。おみやげを忘れずに

_Manza Onsen

万座温泉（群馬）

・車移動OK
・多少遠くてもいい
・こってり色湯に浸かりたい

群馬と長野の県境にある山奥の温泉地・万座。硫黄濃度が日本で一番高いといわれている超濃厚な温泉がいただけます。東京からはかなり距離がありますが、山道の風景も美しいのでドライブにはぴったり。温泉には浸かってみたいけど運転できない……な方は、軽井沢駅まで新幹線で出たら、そこからバスで万座に向かうことも可能です。

全景

_Minakami 18 to

みなかみ18湯（群馬）

・車移動ＯＫ
・多少遠くてもいい

「色湯やジビエは気分ではないけど、多少遠くてもいいからゆっくりしたい」な方におすすめなのはみなかみ18湯。それぞれ趣向の異なる一軒宿が点在するエリアで、宿選びがとても楽しいです。有名どころは、足元から温泉が湧いてくる法師温泉や、日本最大級の巨大露天風呂がある宝川温泉など。電車とバスを駆使して行かねばならず、送迎は限定的なところも多いので、車で行ってしまったほうが楽です。

みなかみの自然

おこもり旅におすすめ。自然豊かで癒やされます

鬼怒川温泉（栃木）

_Kinugawa Onsen

・電車／バスだけで行きたい
・自然あふれるところがいい

浅草駅から特急電車で二時間ほど。渓谷沿いに連なる鬼怒川温泉は、気軽に行ける距離でありながら大自然の中に囲まれている気持ちのいい温泉地です。日光も近いので、東照宮とセットで訪れると楽しい。バブル期から賑わっている古きよき大型旅館やホテルが多く、廃墟になった建物もちらほらあるため、その側面での人気も根強くあります。

鬼怒川

_Nasushiobara Onsen

那須塩原温泉（栃木）

・車移動OK
・多少遠くてもいい
・遊べるスポットが周りにあってほしい
・山派
・湯めぐりしたい

さらりとした湯の那須、白濁していて個性の強い湯の塩原……どちらも楽しみたい欲張りさんは、車で訪れたほうがよさそう。那須には動物園や牧場、遊園地もあり、ややファミリー向きなイメージです。宿でゆっくりしたいだけ派の人は、那須塩原駅まで新幹線で行って（約一時間）、送迎をお願いするのも手です。

「明賀屋本館」

湯西川温泉（栃木）

_Yunishigawa Onsen

・車移動OK
・多少遠くてもいい
・鹿肉・熊鍋などのジビエ料理が好き

栃木県の山奥にある湯西川温泉は、平家の落人《おちうど》が体を癒やしたとされる歴史深い温泉地です。鹿肉や熊鍋などが食べられる「落人料理」が有名で、小さい温泉地ながら趣ある体験ができます。電車とバスを乗り継いでも行けますが、ちょっと手間なのと、温泉街には旅館しかないので、観光ニーズを鑑みて車移動OK派に置いてみました。旅館でただゆっくりするだけであれば、電車／バスでも十分いいと思います。

湯西川の平家集落

冬に開催される「湯西川温泉 かまくら祭」は絶景！

_Yugawara Onsen

湯河原温泉（神奈川）

・電車／バスだけで行きたい

「遠出はいやだし、温泉街も自然もなくていい、ただ旅館でゆっくりしたい……」といったニーズに応えるのは湯河原温泉です。東京からわずか一時間ほど電車に揺られていたら到着するそこは、コンパクトで素朴な温泉地。まさに「首都圏民の駆け込み寺」といった場所で、さっさと湯に浸かって旅館でのんびりしたいんじゃ、とお疲れの方には超おすすめ。無色透明ではありますが、芒硝《ぼうしょう》のにおいがするいい温泉が湧いています。

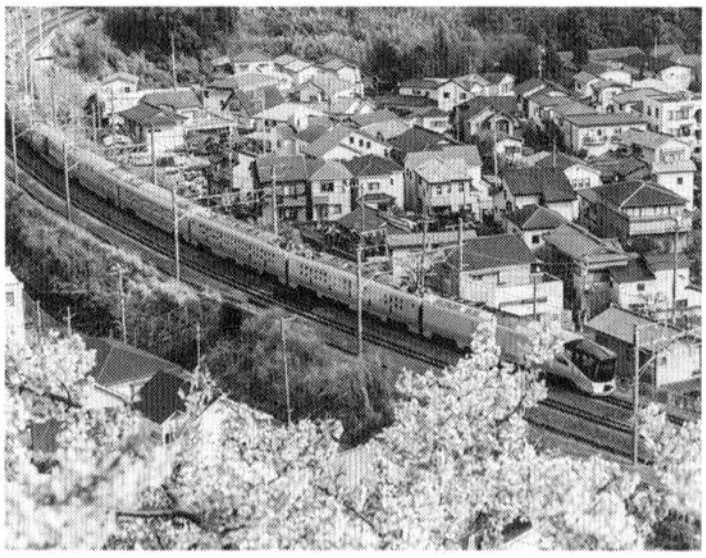

全景

梅林があり、毎年二〜三月は梅の花鑑賞で賑わいます

箱根温泉郷（神奈川）

_Hakone Onsenkyo

- 車移動OK
- 近場がいい
- 思い切って贅沢しちゃいたい

いわずとしれた箱根！　とにかく、めっちゃくちゃに広いです。箱根湯本から強羅まで、さまざまな観光スポットやレストラン、旅館がずらずらと連なっています。混雑している登山電車やバスを使っての移動はけっこうたいへん。個人的には、車での移動をおすすめしています（ただし渋滞も多いので、どちらがマシか……といった感じでもあります）。

芦ノ湖を眺めながら。
「サロン・ド・テ ロザージュ」

_Boso Area

房総エリア（千葉）

・車移動OK
・近場がいい
・海の幸ラブ

中房総あたりには黒くてつるつるしたいい温泉が湧いていて、海沿いにはオーシャンビューのホテルもあり、東京に近いながらもゆっくりと過ごせるエリアです。金目鯛をはじめ、海の幸も超豊富。浜焼き（新鮮な魚介を浜ですぐに焼いて食べること）のお店もあり、おいしい温泉旅行が楽しめます。

全景

道の駅が超充実していて、買い物も楽しい

甲府エリア（山梨）

_Kofu Area

・電車／バスだけで行きたい
・旅館より温泉銭湯を楽しみたい

新宿駅から特急電車で一時間半ほど。地方都市らしいのんびりした雰囲気の甲府には、そこここに新鮮な温泉が注がれている「温泉銭湯」があります。夜はビジネスホテルに宿泊して、地元のレストランや居酒屋で地酒を楽しむ過ごし方がとにかくサイコー。旅館に泊まりたかったら、甲府の（一部の特急で）隣駅にある温泉地・石和温泉を利用しましょう。

国母温泉

_Kawaguchiko Onsen

河口湖温泉（山梨）

・車移動OK
・近場がいい

「手頃な価格で、サクッと近場で温泉旅行がしたい」な方におすすめしたいのは、山梨県の河口湖。電車／バスでも行けますが、エリア内での移動がやや手間なので、個人的には車をおすすめします。河口湖畔の温泉は、富士山ビューがのぞめる施設もあって気持ちいいです。また、温泉は日帰り入浴だけと割り切って、こだわりのペンションでコース料理をいただくのもオツ。レジャー施設や遊園地、動物園もあるので退屈しません。

全景

ワインやビールなど、ご当地のお酒も見逃せない

熱海温泉（静岡）

_Atami Onsen

・電車／バスだけで行きたい
・温泉街の散策はマスト
・海派

新幹線や東海道本線であっという間に着いてしまう、首都圏民憩いの温泉地・熱海。近年はことに人気が高く、混雑する日も多いですが、その分見どころはたくさん。春先は梅や桜を見て、花火を見上げ、海辺を散歩して、カフェでおいしいランチを食べて、美術館やパワースポットをめぐる……。完璧な温泉旅行プランが待っています。オーシャンビューの温泉はそんなに多くないので、事前に確認を。

全景

東伊豆エリア（静岡）

_Higashiizu Area

・車移動ＯＫ
・多少遠くてもいい
・遊べるスポットが周りにあってほしい
・海派

熱海以南の東伊豆エリアは、電車は通っているものの、断然車のほうが移動しやすいです。国内三位の湧出量を誇る伊東温泉に、絶景の城ヶ崎海岸、散策が楽しい伊豆高原、オーシャンビューや月見が最高な北川・熱川温泉、雛のつるし飾りが美しい稲取、日本一開花の早い河津桜……などなど、見どころだらけです。

北川温泉「黒根岩風呂」

おいしい海鮮に、景観のいいドライブ。人気のエリアです

修善寺温泉（静岡）

_Syuzenji Onsen

・車移動ＯＫ
・多少遠くてもいい
・遊べるスポットが周りにあってほしい
・山派

伊豆半島の真ん中あたりにある修善寺は、上品な雰囲気のある温泉地で、伊豆の小京都といわれています。東京から特急電車一本で行けるので、車はマストではありません。が、温泉街がかなりコンパクトですぐに見終わってしまうため、周辺観光のために車で行くほうがおすすめです。世界文化遺産の「韮《にら》山《やま》反射炉」や、水族館、いちご狩りスポット、日本最長の吊橋・三島スカイウォークも車で三十分圏内です。

温泉街の中心にある竹林の小径

＊

温泉チャートに載せられなかった、東京から一泊二日で行きやすい温泉地もたくさんあります。例えば、長野県の戸倉上山田温泉や、湯田中・渋温泉。どちらも雰囲気のある温泉街があり、いい湯が湧いています。場所によっては、群馬や栃木の温泉地よりも時間がかからない場合も。善光寺詣でとともにぜひ。

関東甲信越の温泉地をメインに紹介していましたが、頑張れば一泊二日で北海道にも九州にも行けると思います。個人的には、せっかく足を伸ばすのであれば二泊以上ゆっくり楽しんだほうがいいんじゃないかなと思うので、一泊でものすごく遠出するのはおすすめしません……。このチャートは、土日でサクッと行くときの参考にしてくださいね。

_Tips 20 大阪から一泊二日で行ける おすすめ温泉チャート

東京編にならって、大阪編も作ってみました。基本的には「大阪発」で想定していますが、お住まいが神戸寄りなのか、京都寄りなのかによって、行きやすさ／行きにくさが変わってきます。

関西の住民ではないため、実体験を元に調べたりＴｗｉｔｔｅｒで意見を聞いたりしながら作成しました。ご参考までに活用してください。

大阪から1泊2日で行けるおすすめ温泉チャート

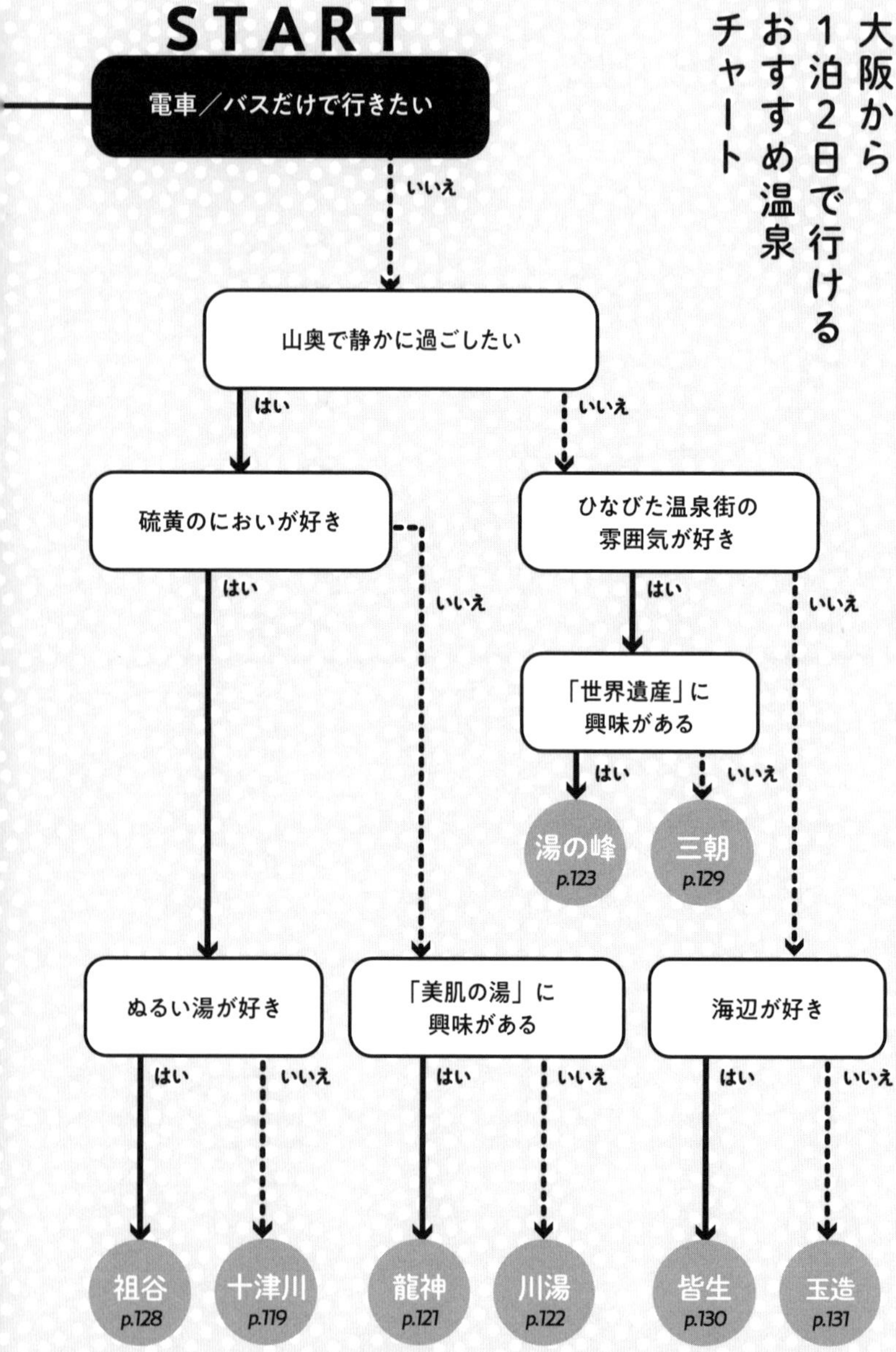

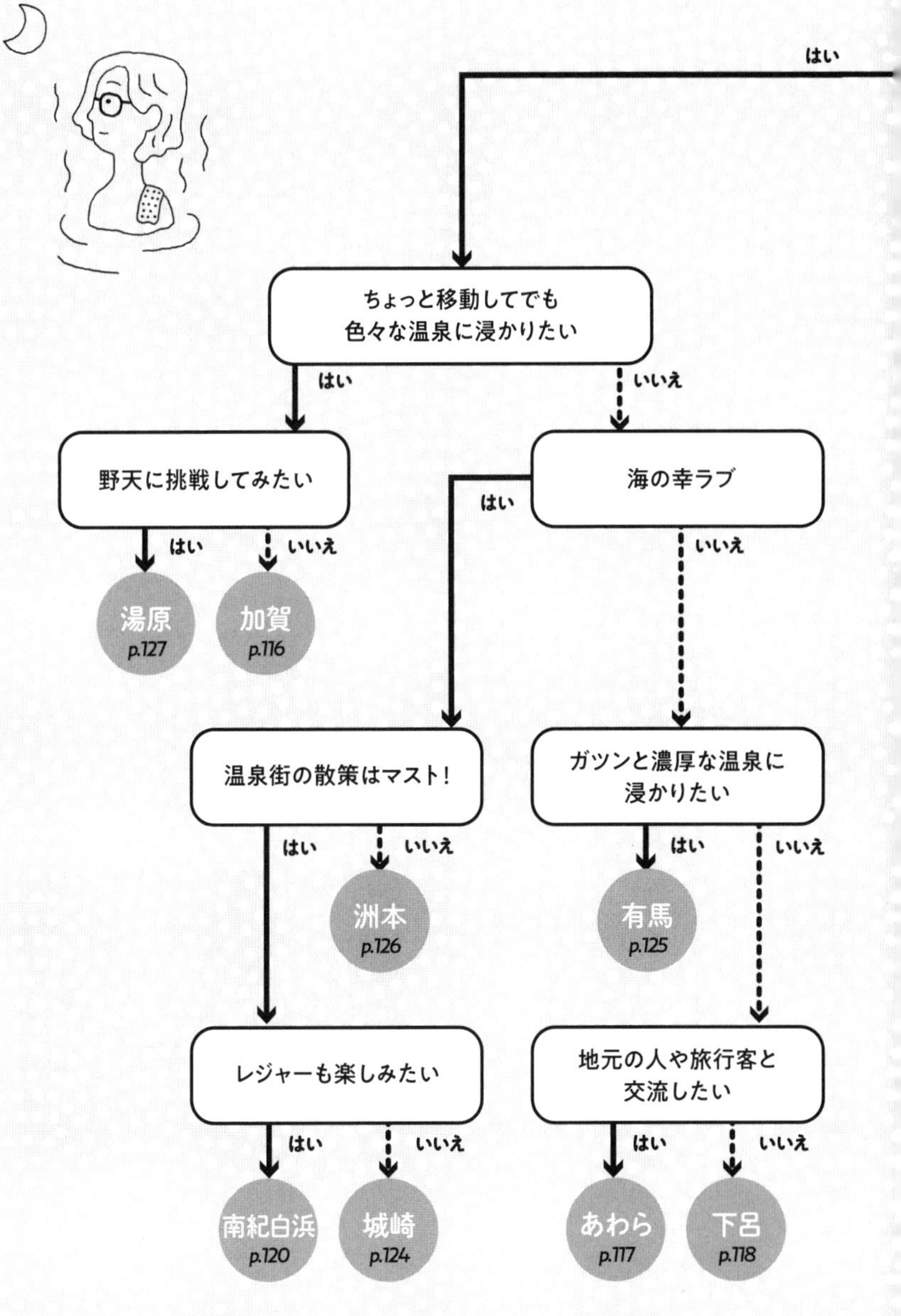
はい
ちょっと移動してでも
色々な温泉に浸かりたい
はい
いいえ
野天に挑戦してみたい
はい
いいえ
湯原
p.127
加賀
p.116
海の幸ラブ
はい
いいえ
温泉街の散策はマスト！
はい
いいえ
洲本
p.126
レジャーも楽しみたい
はい
いいえ
南紀白浜
p.120
城崎
p.124
ガツンと濃厚な温泉に
浸かりたい
はい
いいえ
有馬
p.125
地元の人や旅行客と
交流したい
はい
いいえ
あわら
p.117
下呂
p.118

_Kaga Onsenkyo

加賀温泉郷（石川）

・電車／バスだけで行きたい
・ちょっと移動しても色々な温泉に浸かりたい

石川県南部にある、あわづ・山代《やましろ》・山中・片山津《かたやまづ》の四つの温泉地からなる加賀温泉郷。大阪から特急電車で二時間ちょっと、加賀温泉駅を中心に周遊バスが出ています。私の推しは山代温泉。温泉街の中心にある公衆浴場「古総湯」がとにかく最高です。明治時代の浴場を再現した〝洗い場なし、湯船だけ〟の超シンプル設備で、外観も内観もとっても美しい……。思い出すだけでも惚れ惚れするあの古総湯に、ぜひ一度は浸かってみていただきたいです。その他、あわづは新鮮な温泉がどの宿にも湧いていて、山中はしっとりとした温泉街が美しく、片山津はモダンな建築の総湯がすばらしい。それぞれに魅力があって推せます。公共交通機関でいくつかの温泉地をめぐりたい方にはおすすめのエリアなのです。

山代温泉「古総湯」

_Awara Onsen

あわら温泉（福井）

・電車／バスだけで行きたい
・地元の人や旅行客と交流したい

大阪から特急電車で二時間ちょっと。福井屈指の温泉地・あわら温泉は、シンボル的な存在である〝屋台村〟がポイント。赤ちょうちん並ぶそこは、小さなお店でお客さん同士が会話を交わすようなアットホームな雰囲気に包まれています。あわら温泉は、そのアクセスのよさと屋台村の魅力で、楽天トラベルの「男一人旅に人気の温泉地ランキング」ではたびたび一位に躍り出るほど。塩気のある温泉で芯まで温まれます。

屋台村

_Gero Onsen

下呂温泉（岐阜）

・電車／バスだけで行きたい

「現地ではあまり移動したくない。濃厚な湯よりは優しめな湯が好きで、交流したいというよりはゆっくりしたい……」な方におすすめしたいのは、下呂《げろ》温泉。日本三名泉のひとつとされ、歴史深い温泉地です。とろみのある無色透明の温泉はやわらかく、いつまでも浸かっていたくなるほど。温泉街も風情があり、飛騨牛グルメはぜひともおさえておきたいもの。大阪から特急電車で約三時間と時間はかかりますが、それでも訪れる人が絶えない人気の温泉地です。

温泉街

飛騨川沿いに温泉街が広がっていて情緒たっぷり

十津川温泉（奈良）

_Totsukawa Onsen

・車移動ＯＫ
・山奥で静かに過ごしたい
・硫黄のにおいが好き

奈良のかなり奥まったところにある十《と》津《つ》川《かわ》温泉。十津川の温泉施設はすべて源泉かけ流しで、新鮮な湯をこれでもかと味わえます。ほんのり濁った湯からは硫黄のにおいも感じられ、つるとろな肌触りがめちゃくちゃに気持ちいい。源泉温度は少し高めなので、ぬる湯が苦手な方も気持ちよく過ごせます。祖《い》谷《や》（Ｐ１２８）と同じくものすごく山奥なので、すばらしい湯にただただ体を沈めて心を落ち着かせたい方にぴったり。大阪から車で二時間半ほどで着きます。

共同浴場「庵の湯」

南紀白浜温泉（和歌山）

_Nankishirahama Onsen

・電車／バスだけで行きたい
・海の幸ラブ
・温泉街の散策はマスト！
・レジャーも楽しみたい

日本三古泉に数えられる歴史深い温泉地、南紀白浜。和歌山県の南岸に位置するリゾート地です。夏は海水浴客でにぎわい、国内最大級の動物園「アドベンチャーワールド」も大人気（東京・上野動物園で行列ができるパンダ、ここでゆっくり会えます）。ミネラルたっぷり、オーシャンビューがかなう塩の温泉もたくさんあり、誰にでもおすすめできる素敵な温泉地です。特急電車で新大阪駅から二時間半で着きます。

全景

海沿いのドライブが最高なので、車もおすすめ

龍神温泉（和歌山）

_Ryujin Onsen

- 車移動OK
- 山奥で静かに過ごしたい
- 「美肌の湯」に興味がある

「日本三美人の湯」のひとつ、龍神温泉。じゃらんで秘湯ランキング一位にもなったことがある、山奥の小さな温泉地です。肌に馴染むつるつる湯は新鮮で心地よく、渓谷の音は癒やし効果絶大。川魚がおいしく、釣り人もちらほらと訪れるのどかなところです。一晩中とっぷり美人の湯に浸かりたい方はぜひ。大阪から車で二時間半ほど。

全景

川湯温泉（和歌山）

_Kawayu Onsen

・車移動ＯＫ
・山奥で静かに過ごしたい

川沿いに宿が立ち並ぶひっそりとした温泉地、川湯温泉。名物はなんといっても、巨大野天風呂の「仙人風呂」。川底から湧く七〇度近い源泉に川の水を引き入れ、河原の石で囲んだワイルドな露天風呂です。十二〜二月の冬季限定でオープンしていますが、オフシーズンでも余裕で浸かれちゃいます。水着着用ＯＫの混浴なのでハードルは低め。挑戦してみたい方はぜひ。大阪から車で約三時間で到着します。

夏の「仙人風呂」付近

湯の峰温泉と近いので、セットで訪れると◎

湯の峰温泉（和歌山）

_Yunomine Onsen

・車移動OK
・ひなびた温泉街の雰囲気が好き
・「世界遺産」に興味がある

湯の峰温泉には、世界文化遺産に登録されている公衆浴場「つぼ湯」があります。かつて人々が熊野詣で（和歌山県にある神社、熊野本宮大社・熊野速玉大社・熊野那智大社の三社を参拝すること）をする前に身を清めたとされていて、温泉地の歴史はなんと一八〇〇年前から始まっているそう。つぼ湯は一日に七回色が変化するともいわれていて、ぜひ一度は浸かってみてほしい不思議な霊泉です。温泉街も湯気をまとった景観が趣深く、惚れ惚れしてしまうほど。大阪から車で約三時間かかります。

温泉街

_Kinosaki Onsen

城崎温泉（兵庫）

・電車／バスだけで行きたい
・海の幸ラブ
・温泉街の散策はマスト！

近畿屈指の人気温泉地、城崎《きのさき》。趣ある温泉街と外湯めぐり、そして冬の時期の松葉ガニが城崎の魅力です。その温泉街の美しさから、若い方や外国人も多く訪れています。一番のポイントである〝外湯めぐり〟にお客さんを促すため、旅館の湯船は条例によってほとんど縮小されているという徹底ぶり。コクのある塩気の強い温泉ですが、外湯はちょっと消毒のにおいがするので、そのあたりは承知の上で訪れたほうがいいかもしれません。大阪駅から特急電車で二時間半あまり。

温泉街

外湯それぞれに「良縁成就」「合格祈願」などご利益が…？

有馬温泉（兵庫）

_Arima Onsen

・電車／バスだけで行きたい
・ガツンと濃厚な湯に浸かりたい

大阪からわずか一時間ほどで着く、アクセス抜群の高級温泉地。小さいながらも情緒のある温泉街は、散歩するだけでも楽しいです。有馬の魅力はなんといっても、ド級に濃い、みそしるみたいな色をした（!）温泉。その成分濃度は日本一で、海水の三倍の塩分を含んでいるとされています。ちなみに、黄金色をした温泉を「金泉」、もうひとつ湧いている炭酸を含んだ無色透明の温泉を「銀泉」と呼んでいます。日本最古の温泉地ともいわれていて、中でも豊臣秀吉はゆかりの深い人物だそう。アクセス、泉質、歴史、どれをとってもすばらしい有馬は、日本三名泉にも数えられています。

温泉街

_Sumoto Onsen

洲本温泉（兵庫・淡路島）

・電車／バスだけで行きたい
・海の幸ラブ

淡路島中部にあるリゾート温泉地です。明石海峡でもまれた海鮮がとにかく絶品。車であれば淡路島の観光とセットで存分に楽しめますが、大阪からの高速バスを使えば二時間で一気に洲《す》本《もと》までたどり着けるので、一泊二日のおこもり温泉旅にもおすすめ。洲本にはつるつるした無色透明の温泉と、塩気たっぷりな黄金色の温泉どちらも湧いています。

景勝地

湯原温泉郷（岡山）

_Yubara Onsenkyo

- 電車／バスだけで行きたい
- ちょっと移動しても色々な温泉に浸かりたい
- 野天に挑戦してみたい

湯《ゆ》原《ばら》の代表的なスポットといえば、「砂湯」。四十年近く前に露天風呂番付で「西の横綱」に選ばれたほどの開放的な野天です。川のすぐ横にあり、眼前にはダイナミックな湯原ダム。脱衣所も小屋のような簡素なもので、女性は湯浴み着必須な、だいぶ勇気のいる混浴の露天風呂です。西の横綱に一度は挑戦してみたい方はぜひ。そして、湯原の周囲には下湯原・足《たる》・真《ま》賀《が》・郷緑《ごうろく》と小さな温泉地が点在しており、総称して〝湯原温泉郷〟といわれています。ものすごく泉質が異なるわけではありませんが、レンタカーやタクシーで回ってみるのも手。私の推しはぬるくて気持ちのいい「真賀温泉」。湯原までは大阪から高速バスで三時間半です。

砂湯

Iya Onsen

祖谷温泉（徳島）

・車移動OK
・山奥で静かに過ごしたい
・硫黄のにおいが好き
・ぬるい湯が好き

大阪から車で三時間ちょっと。徳島のかなり奥まったところにある祖谷《いや》は、ただただ〝温泉だけを目当てに〟行くような秘境です。しかしまあ、本当に、生涯忘れがたい最ッ高な湯なので、疲れ切った関西の方にはおすすめしたいのです。四〇度くらいの源泉をドバドバかけ流し、ふんわり漂う硫黄のにおい、新鮮で肌にまとわりつく炭酸、トロトロの肌触り。あー、また行きたいなあ。山奥に湯だけを求めていきたい旅行にぜひ。

周辺の自然

ぬる湯なので、暖かい時期に訪れたいところ

三朝温泉（鳥取）

_Misasa Onsen

・車移動ＯＫ
・ひなびた温泉街の雰囲気が好き

放射能泉という、ちょっとドキッとするような泉質の温泉が湧く三《み》朝《ささ》。放射能泉は体にいいことばかりだそうで、新陳代謝が活発になり免疫力がアップするといわれています。中でも三朝の湯は、世界屈指の高濃度ラドンを含んでおり、とてもめずらしいのだとか。一泊二日ではほとんど効果は感じられないと思いますが（！）、興味のある方はぜひチャレンジしてみては。浴感自体はとてもさっぱりしています。温泉街は川沿いにつらなる旅館のシルエットが美しく、古きよきスナックや飲食店も残っています。大阪から車で三時間ほどです。

温泉街

_Kaike Onsen

皆生温泉（鳥取）

・車移動OK
・海辺が好き

山陰最大級の温泉地、皆生《かいけ》。鳥取西部の海沿いに位置していて、夏は海水浴客でにぎわいます。「日本の夕陽百選」「日本の朝日百選」「日本の渚百選」「日本の白砂青松百選」などなどに選ばれていて景観がよく、リフレッシュして過ごせるはず。温泉はミネラルたっぷりな塩の湯。オーシャンビューな露天も最高です。大阪から車で三時間ちょっと。

全景

水木しげるゆかりの地・境港の観光と合わせて

玉造温泉（島根）

_Tamatsukuri Onsen

・車移動OK

「山奥、ひなび、海辺の温泉地でなくていいけれど、いい感じの温泉地に行きたい」な方におすすめしたいのが、玉造《たまつくり》。一三〇〇年前の書物ですでに「美肌の湯」として紹介されていたほどの実力を持っています。出雲大社の参拝とセットで旅程が組まれることが多く、縁結びに興味のある女性に人気です。川沿いの温泉街はコンパクトながらも雰囲気がよく、浴衣姿でお散歩するのが気持ちいい。化粧水などの美容グッズのおみやげも多いので、マーケティングがめちゃくちゃうまいな～～と感動します（褒めています）。大阪から車で三時間半ほどとちょっと遠いですが、見どころも多くおすすめできます。

温泉街

＊

さて、東京と同様、チャートに載せられなかった温泉地もたくさんあります。例えば、三重の湯の山温泉や猪《い》の倉《くら》温泉。特に「アクアイグニス」という、宿泊も可能な温泉リゾート施設は、めちゃくちゃオシャレでごはんもおいしくて温泉も新鮮で、フリーザ様級の戦闘力を持っています。大阪から車で二時間ほどで着くので、ぜひ日帰りでも訪れてみてください。

他にも鳥取の岩井温泉（湯かむりという珍しい風習が伝わる、温泉オタク的にはグッとくる古湯）、玉造の近くにある湯の川温泉（日本三美人の湯のひとつ）、足を伸ばして愛媛の道後温泉（車で四時間！　ですが、フォロワーさんの中には一泊二日で道後まで行っちゃう方もおられました）などなど、チャートでは紹介しきれませんでした。関西発の一泊二日は、射程範囲が北陸・中部・中四国とけっこう幅広め。チャートを参考にぜひ行ってみてくださいね。

_Tips 21

全国版 おすすめ温泉チャート

日本の温泉地の数は二九八三箇所（二〇一八年時点）。それぞれが「どんな温泉か」「どんな楽しみ方があるか」がわからないと、なかなか選びにくいと思います。〝いつもの〟温泉地だけでなく、各地にも足を運んでもらいたい……そんな想いを込めて、全国版の温泉チャートも作ってみました。

最初に置いた質問は、「趣ある〝温泉街〟はマスト」かどうか。実際、温泉街のありなし、それに趣があるかどうかとなると、数はかなり限られます。ニーズの高いところを最初の分岐に置きました。

全国版おすすめ温泉チャート

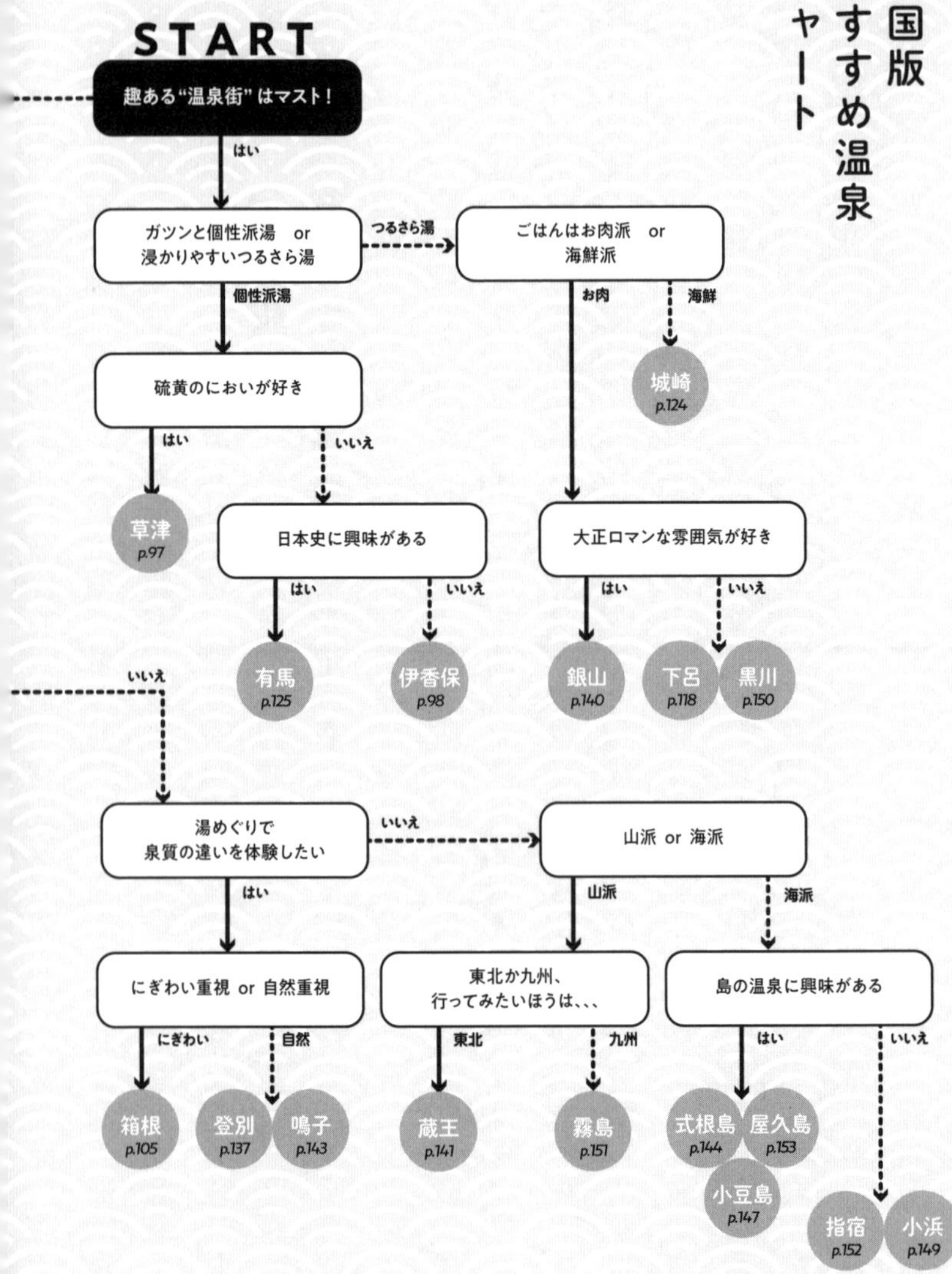

Tips
21

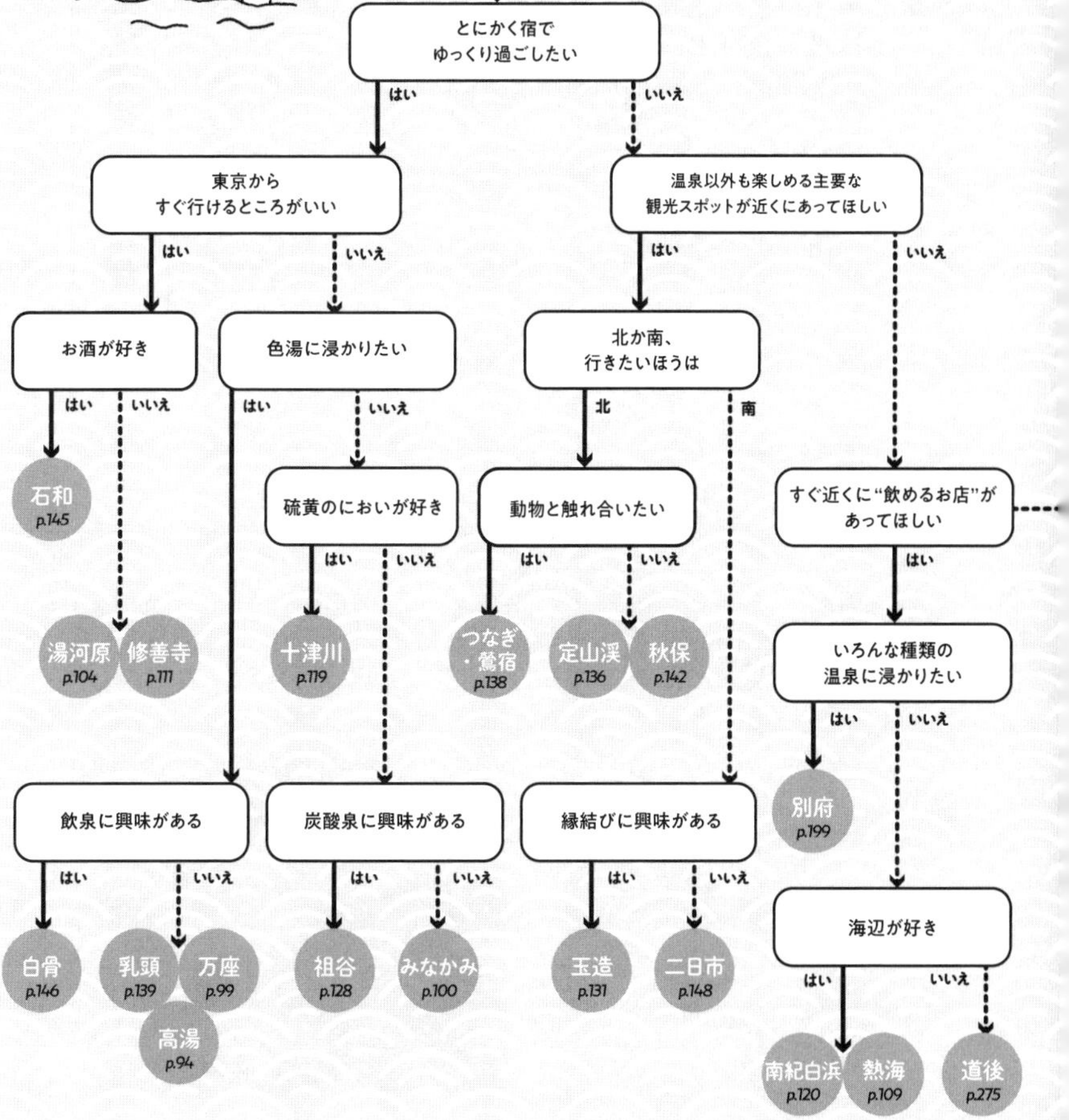
いいえ
とにかく宿で
ゆっくり過ごしたい
はい
いいえ
東京から
すぐ行けるところがいい
温泉以外も楽しめる主要な
観光スポットが近くにあってほしい
はい
いいえ
はい
いいえ
お酒が好き
色湯に浸かりたい
北か南、
行きたいほうは
はい
いいえ
はい
いいえ
北
南
石和
p.145
硫黄のにおいが好き
動物と触れ合いたい
すぐ近くに"飲めるお店"が
あってほしい
はい
いいえ
はい
いいえ
はい
湯河原
p.104
修善寺
p.111
十津川
p.119
つなぎ
・鶯宿
p.138
定山渓
p.136
秋保
p.142
いろんな種類の
温泉に浸かりたい
はい
いいえ
別府
p.199
飲泉に興味がある
炭酸泉に興味がある
縁結びに興味がある
はい
いいえ
はい
いいえ
はい
いいえ
海辺が好き
白骨
p.146
乳頭
p.139
万座
p.99
高湯
p.94
祖谷
p.128
みなかみ
p.100
玉造
p.131
二日市
p.148
はい
いいえ
南紀白浜
p.120
熱海
p.109
道後
p.275

_Jozankei Onsen

定山渓温泉（北海道）

・温泉以外も楽しめる
主要な観光スポットが近くにあってほしい
・北に行きたい

定山渓《じょうざんけい》は、「札幌の奥座敷」として親しまれています。札幌から車で約五〇分、バスも通っています。新千歳空港からの直行バスもあり、アクセスは抜群。塩湯でよく温まり、湧出量が豊富でとっても新鮮です。渓流と木々に囲まれた自然あふれる温泉地で、札幌観光とセットの旅行にぴったり。いわずもがな、ラーメンに海鮮にスープカレーと胃袋がいくつあっても足りない札幌グルメに、時計台や夜景に工場見学など見どころ満載の観光と、札幌は楽しい街です。定山渓とぜひセットで過ごしたいところ。

全景

_Noboribetsu Onsen

登別温泉（北海道）

- 湯めぐりで泉質の違いを体験したい
- 自然重視

札幌から特急で一時間強、登別は〝温泉のデパート〟とも呼ばれる、道内屈指の温泉地です。登別に湧く温泉の泉質は九種類。灰色に濁った硫黄のにおいがする温泉に、酸性の強い温泉、塩の濃い温泉、つるさらやわらか温泉などなど、新鮮ゆえに個性もよくわかります。商店街もあり、ホテルに旅館にゲストハウスなど、滞在の仕方もさまざまでサイコー。川に流れる温泉にそのまま足湯できるスポットなど、自然豊かなのも魅力です。登別はいいぞ。

大湯沼川天然足湯

地獄谷や大湯沼など、景勝地がたくさん

つなぎ・鶯宿温泉（岩手）

_Tsunagi, Osyuku Onsen

・温泉以外も楽しめる主要な観光スポットが近くにあってほしい
・北に行きたい
・動物と触れ合いたい

「盛岡の奥座敷」といわれる、つなぎ温泉、鶯宿《おうしゆく》温泉。それぞれ車で十〜十五分ほどの距離です。つなぎは盛岡市内から車で三〇分ほど。このあたりの「温泉以外も楽しめる主要な観光スポット」といえば、日本最大の牧場・小岩井農場です。動物と触れ合い、牧場グルメに舌鼓を打ち、ショーや体験で一日中楽しめます。この他、近隣には「盛岡手づくり村」という伝統工芸を体験できる施設もありますし、盛岡市内はわんこそばや冷麺、宮沢賢治ゆかりの施設など、グルメと観光が充実しています。つなぎも鶯宿も山間のコンパクトな温泉地ですが、人気の理由は周辺観光の楽しみにあるのです。

小岩井農場

乳頭温泉郷（秋田）

_Nyuto Onsenkyo

・とにかく宿でゆっくり過ごしたい
・色湯に浸かりたい

乳頭にある「鶴の湯」は、〝日本一有名な秘湯〟と、ちょっと矛盾した言葉でよく紹介されます。江戸時代に武士が詰めた茅葺《かやぶ》き屋根の長屋が残っており、風情あふれる湯場や客室は、誰をしても〝死ぬまでに泊まりたい〟といわしめるようです。よく旅行雑誌や温泉本の表紙を飾るところなので、見たことがある方も多いかもしれません。乳頭には、そんな鶴の湯を始め、情緒あふれる宿が点在しています。青白い湯や、ちょっと緑がかった白濁湯など、それぞれの個性もあり、どこもブナの森に囲まれていて癒やし二億パーセントです。アクセスは大変ですが、二泊以上のゆとりを持ってぜひ訪れてみてほしい温泉地です。

「鶴の湯」

鶴の湯以外の宿も情緒があって魅力的です

_Ginzan Onsen

銀山温泉（山形）

・趣ある〝温泉街〟はマスト！
・浸かりやすいつるさら湯
・ごはんはお肉派
・大正ロマンな雰囲気が好き

国内屈指の〝映え〟な温泉街といえば、銀山。約一〇〇年前に建てられた旅館が川沿いに軒を並べ、夕方にはガス灯がともり、大正ロマン漂う雰囲気は抜群です。ハイカラな着物や袴をレンタルして、温泉街を散策するのもサイコー。雪景色の銀山を訪れた日にはもう……その写真、何いいねつくことやらって感じの、とにかく「趣〜〜〜！」と脳の中のＩＫＫＯさんが思わず出てきてしまうような温泉地です。アクセスはやや大変ですが、死ぬまでに一度は訪れたい絶景温泉街、といってしまってもいいんじゃないかな、と。もちろん見栄えだけでなく、アツアツさっぱりな湯もすてき。米沢牛や山形牛を食べられるプランが充実しています。

温泉街

老舗の「能登屋旅館」や、隈研吾氏設計の「藤屋」など、贅沢な宿に挑戦したい

_Zao Onsen

蔵王温泉（山形）

・山派
・東北に行ってみたい

スキー場や樹氷など、山のアクティビティや絶景が魅力的な蔵王。湧く温泉も、白濁した硫黄のにおいたっぷりな温泉で、温泉好きはまず間違いなくグッとくるものです。冬がオンシーズンなイメージはありますが、新緑の時期は美しく、夏は避暑地、秋は紅葉絶景……といった感じで、山の魅力をいつでも満喫できるのがサイコー。ペンションもたくさんあり、宿の選択肢が豊富です。山形駅からバスで四〇分ほどのところにあるので、行き帰りで山形グルメが味わえるのもいいところ。

周辺の様子

_Akiu Onsen

秋保温泉（宮城）

・温泉以外も楽しめる主要な観光スポットが近くにあってほしい
・北に行きたい

仙台の奥座敷、秋保《あきう》温泉。東北の温泉地ランキングでは常に上位をキープする、〝北国の箱根〟のような存在だと個人的に思っています。なんといっても魅力は、そのアクセスのよさ。仙台駅からバスで三〇分で着くので、仙台観光とセットでおすすめしやすいです。秋保での楽しみ方も明快で、スイーツ（おはぎが有名です）を堪能し、モダンな旅館のやわらかな湯で心身をほぐし、峡谷や滝をめぐって自然の力に圧倒される……といった感じ。仙台観光も、伊達政宗ゆかりの地めぐりや、牛タンにずんだに海鮮と目白押し。誰とでも、いつでも楽しめる、幅広く愛されている温泉地です。

景勝地

鳴子温泉郷（宮城）

_Naruko Onsenkyo

・湯めぐりで泉質の違いを体験したい
・自然重視

鳴子《なるこ》は登別と同様、九種類もの泉質の温泉が湧く温泉地です。とはいえ、鳴子はエリアがかなり広く、一つ一つの旅館の個性がとにかく強いのが特徴。〝鳴子温泉郷〟とはいうものの、独立国家がひしめいているようなイメージです。風情溢れる公衆浴場や、近代的でモダンな旅館、滝つぼが温泉になっている（！）ダイナミックな露天風呂、間欠泉などなど、バラエティに富んでいてすばらしい。鳴子は根強いファンも多く、一見さんから温泉オタクさんまで、幅広くおすすめできる温泉地です。ちなみに、コンパクトながら温泉街もあり、名産品のこけしにちなんだ可愛い雑貨がそろっているのも魅力のひとつです。

「吹上温泉峯雲閣」

式根島（東京）

_Shikinejima

・海派
・島の温泉に興味がある

東京の竹芝客船ターミナルからジェット船で三時間。土日でサクッと行ける東京の島・式根島には、「露天風呂番付」で東の張出横綱に選ばれた地《じ》鉈《なた》温泉があります。海の底から湧く源泉は八〇度もあるため、冷たい海水と混じって適温になっているところを自ら探す楽しみがあります。そんな超ワイルドな野天は、水着で浸かる混浴風呂。ダイビング帰りの人がよく浸かっているようでした。海に滅多に入らない私は、慣れない潮の流れと戦いながら、決死の思いで入浴した思い出があります。

地鉈温泉

海と一体化した温泉なので、暖かい時期がよさそう

石和温泉（山梨）

_Isawa Onsen

・とにかく宿でゆっくり過ごしたい
・東京からすぐ行けるところがいい
・お酒が好き

新宿から特急電車で一時間半ほど。甲府の隣にある石《いさ》和《わ》は、東京からほど近く、ゆっくり過ごせる温泉地として私の推しです。無色透明のつるつるした湯は新鮮、観光も楽しめてレストランもあり、旅館の種類もさまざま。なんといっても地酒が豊富で、ワインにビールにウイスキーと、お酒が好きな方にはたまらない旅行になると思います。甲府駅周辺には、石和とはまた違う黒湯の温泉銭湯が点在していて、行き帰りのタイミングで寄ってみるのもおすすめ。

温泉街

_Shirahone Onsen

白骨温泉（長野）

・とにかく宿でゆっくり過ごしたい
・色湯に浸かりたい
・飲泉に興味がある

長野の山奥にある、名湯と名高い温泉地です。乳白色の温泉がこんこんと流れ出る、大自然に囲まれた露天が人気。紅葉シーズンは特に美しいです。白骨という名前は、温泉の成分が湯船に付着して白くなることから「白船」と呼ばれていたことが始まりだとか。白濁していると強烈な個性がある温泉だと思われがちですが、肌に優しく、飲泉（温泉を飲むこと）もできます。白骨にある旅館の中には、温泉で炊いた温泉粥などがいただけるところも。松本駅から白骨温泉行きの直通バスが出ています。東京からだと長旅になりますが、いい湯なのでぜひ。

「煤香庵」

小豆島（香川）

_Shodoshima

・海派
・島の温泉に興味がある

高松や岡山、姫路などから船で行ける瀬戸内海に浮かぶ島、小豆島。しょうゆ、そうめん、オリーブの産地として知られ、その景観のよさから、さまざまな作品のロケ地や舞台にもなっています。島には日帰り入浴施設や温泉付きのホテルがあり、塩分が濃く、ぺっとりしていて気持ちのいい湯です。式根島や屋久島と比べると、断然ビギナー向き。

美しい夕陽

一押しはショッピングセンターの中にある「オリーブ温泉」！

二日市温泉（福岡）

_Futsukaichi Onsen

・温泉以外も楽しめる
　主要な観光スポットが近くにあってほしい
・南に行きたい

博多駅（天神駅）より電車で十五分ほどの二日市駅から、さらに歩いて十五分（タクシーで五分）。そうして辿り着く二日市温泉は、住宅街の中に突如現れるとっても小さな温泉地です。博多と太宰府の間に位置しており、どちらの観光ともセットで楽しめます。とろみがあり、硫黄のにおいもする素晴らしい湯が湧いていて、私はいつも「博多に遊びに行くなら、ついでに寄ってみて」とおすすめしています。温泉地内はほとんど旅館と日帰り入浴施設のみで、観光は博多・太宰府がメインになりそう。博多グルメといえば、ラーメン、モツ鍋、水炊き、明太子、ゴマサバ、屋台街……考えるだけでよだれが出てしまいそうですね。

日帰り入浴施設「博多湯」

源泉かけ流しの「博多湯」はマストで訪れて

小浜温泉（長崎）

_Obama Onsen

・海派

チャート設問のどれにもピタリと当てはまるものがなかったけれど、「海の温泉でゆっくりしたい〜！」という方に推せる一つめの温泉が小浜《おばま》。長崎の島原半島に位置する温泉地で、その源泉温度は一〇五度。ゆるり海を見ながら温泉に浸かれます。街は充実していて、源泉温度を活かした温泉卵や地獄蒸し（温泉の湯気で野菜などを蒸す料理）がサイコー。長崎ちゃんぽんの種類のひとつ、小浜ちゃんぽんもおいしい。夕陽が美しい温泉地なので、ぜひ宿泊したいところです。

「山田屋」

_Kurokawa Onsen

黒川温泉（熊本）

- 趣ある〝温泉街〟はマスト！
- 浸かりやすいつるさら湯
- ごはんはお肉派

九州で最も情緒のある温泉街は黒川だと思います。若旦那や若女将がめちゃくちゃ景観管理に意欲的で、モダンな温泉街といった印象。いい意味で、ひなびた雰囲気は全くありません。黒川のキャッチコピーは「街全体が一つの宿　通りは廊下　旅館は客室」。お互いをライバルとして忌み嫌うのではなく、黒川温泉全体の発展を願って協力しあう姿に、思わずグッときてしまうはず。旅館それぞれの湯場が美しく、つるさらの湯は体を優しく包んでくれます。「あか牛」という地産の和牛も絶品です。

温泉街

霧島温泉郷（鹿児島）

_Kirishima Onsenkyo

・山派
・九州に行ってみたい

鹿児島市内から車で一時間ほどで到着する霧島温泉郷。とにかく広く、レンタカーが必須ではありますが、それぞれの湯ヂカラはピカイチ。まさに火山に湧く温泉といった感じで、ピリリと酸性を感じる白濁の硫黄泉です。霧島神宮や大きな滝などの観光名所もありますが、基本は宿でガッツリ温泉と食事を楽しんで、自然に癒やされる過ごし方がメイン。市内から近いのもあり、行き帰りで鹿児島グルメをいただけるところが◎。

「霧島新燃荘」

温泉地一帯にただよう硫黄のにおい、サイコー……

指宿温泉（鹿児島）

Ibusuki Onsen

・海派

さまざまな設問にピンとこなかったけれど、「海の温泉でゆっくりしたい～！」という方に推せるもう一つが指《いぶ》宿《すき》温泉。鹿児島市内から特急で一時間ほどで到着する、ざっくりいえばものすごく南にある温泉地です。名物はなんといっても「砂むし風呂」。波打ち際で全身を温かな砂に沈めてもらい、地熱で汗だくだく、波の音をゆっくり聞いて癒やされる……といった素敵な体験ができます。専用浴衣を着るので、ひとりでも、パートナーや家族や友達と一緒に体験するのも面白い。温泉地は穏やかで落ち着いた雰囲気があり、ゆっくり海を見ながら過ごせます。大河ドラマの主人公にもなった篤姫や西郷隆盛などにゆかりの深い旅館・施設もあるので、興味のある方はぜひ。

「砂むし会館 砂楽」

屋久島（鹿児島）

_Yakushima

・海派
・島の温泉に興味がある

鹿児島港から高速船で約二時間で着く屋久島。島内にはいくつか温泉があり、干潮時しか入れない混浴露天なとなど、それはもう奔放で野性的な体験ができます。女性ひとり旅にはさすがにおすすめしにくいので、可能であればパートナーや家族と一緒に行くのがよさそう。二日以上滞在して一番の名所・縄文杉を目指すのもよいですが、サクッとレンタカーを借りて島内をうろうろするだけでも楽しいです。

「湯泊温泉」

男女分けられている「尾之間温泉」なら安心して浸かれます

＊

今回このチャートでは、一軒宿しかないような小さな温泉地や、アクセスがかなり大変なところはだいぶ省きました。この本を手に取ってくださった方が、全国のいろんな温泉地に行くきっかけになればいいなあと思っています。私の推し温泉はもっともっとあるので、ニッチな温泉については次の章をご覧ください。

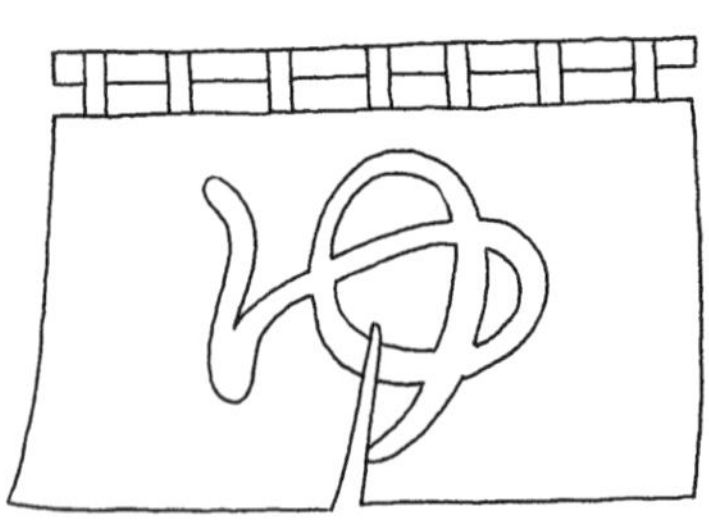

私の推し温泉の話をさせてください 3

_Tips 22

一生に一度は浸かりたい、足元から湧いてくる温泉

全国の温泉取材を終えて、東京に戻ってきたとき、友人に最も聞かれた質問が「一番いい温泉、どこだった？」でした。「本当にいろんな温泉があるから、〝ベスト〟ってわけじゃないんだけど、一番印象に残ったところでいうと……」と予防線を張りながら、私が答えていたのは、鹿児島県の湯《ゆ》川内《がわち》温泉でした。

湯川内温泉は、全国でも希少な「足元湧出」温泉のうちのひとつ。足元湧出はその名の通り、足元（湯船の底）である板の間や岩の隙間から温泉が直接湧いていて、湯船を満たしているものをいいます。ぷくぷくと湯面にアワが湧くのがその証拠。「生まれたて」な温泉なのです。もちろん、とっても新鮮で、においも肌触りも段違い。

私は足元湧出が大好きで、そのためならどこへでも車を走らせます。

私が初めて足元湧出に出会ったのが、「湯川内温泉　かじか荘」でした。鹿児島県出水市の山奥にある一軒宿で、温泉にも取材旅行にもずいぶん慣れてきた頃です。暑い五月のことで、日帰り入浴でさらりと浸かる予定でした。しかしまあ、もう、どのくらい居座ってしまったことやら。**驚いたのはその透明度でした。ガラスのようで、無重力のような心地。とろけた木造湯船。ごろごろした岩底から湯玉がぷくりと浮いてきます。どっぷり体を沈めて、三七〜三八度のぬる湯に一時間。体にはアワがぴちぴちとつき、つるつる肌を滑るなめらかさがパーフェクトでした。「国内ナンバーワンの単純泉」「完璧な湯」と評価される所以です。**

その感動と衝撃は、どんな色湯も、どんなにおいの強い温泉も霞みました。無色透明でもこんなに個性的な温泉があるのか、と。私は湯川内温泉をきっかけに、足元湧出とぬるい温泉が大好きになり、いまも求めて旅行を続けています。

足元湧出は、湯川内温泉だけではありません。私の最推し旅館である青森県の「蔦《つた》温泉」もそう（足元湧出でにおいも個性的。ぬる湯。趣深い湯屋もすばらしく、ごはんもおいしい。大好きな旅館です）。有名どころでいうと、「丸駒温泉旅館」（北海道）、鉛温泉「藤三《ふじさん》旅館」（岩手）、乳頭温泉郷「鶴の湯」（秋田）、赤倉温泉「湯守の宿三之《さんの》亟《じょう》」（山形）、法師温泉「長寿館」（群馬）、下部温泉「源泉館」（山梨）、壁湯《かべゆ》温泉「旅館福元屋」（大分）などが挙げられます。川底から湧くワイルドな野天だと、川湯温泉仙人風呂（和歌山）や、湯原温泉郷砂湯（岡山）も人気です。

東京からの行きやすさで選べば、群馬県の法師温泉か、山梨県の下部温泉でしょう。特に法師温泉「長寿館」は、国の登録有形文化財に指定されているほどの歴史ある建築も魅力のひとつ。映画『テルマエ・ロマエ』のロケ地にもなっている趣深い宿なのです。

私がこれまで浸かってきたさまざまな温泉の中でも、足元湧出はいつもちょっと別格です。毎回、「すげ〜〜〜」って声に出ます。一生に一度は浸かりたい、一生に一度は浸かってほしい。鮮度が一番大事だという感覚が、本当に身に沁みる温泉なのです。

[蔦温泉]
「泉響の湯」といわれるほど
音も特徴的

[湯川内温泉]
まるでガラスのような
湯面の美しさ

_Tips 23

ぬるい温泉がだいだいだいだい大好きだ

冬の温泉旅行より、夏の温泉旅行のほうが好きです。なぜなら、ぬる湯にずっと浸かれるから。冬はさすがに、ぬるいと体が冷えてしまいます。一時間でも二時間でもずーっと浸かってしまうような、ぬるくて、だらっとした温泉が、たまらんのです。

ぬる湯というと、人により感じ方はさまざまですが、体温と近い三四〜三七度の湯に浸かることを「不感温浴」といい、熱くも冷たくも感じず長湯できる温度とされています。温泉施設がぬるい状態を保てているのは、多くの人が「気持ちいい」と感じる四〇〜四二度にするための加水・加温をせず、ぬるい源泉をそのまま投入しているケースが多いから。ぬる湯は、施設側によって「選択」されたものなのです。「浸かるために湧き出てきた」というような絶妙な温度感の源泉を愛しく感じます。

不感温浴といわれているように、ぬる湯に浸かった瞬間、体全体に熱が行き渡るようなじわじわビリビリ感はありません。**ざぶんと足を入れた瞬間は、歯ごたえのない冷たさを感じますが、次第にぬるさに体が慣れ、湯と肌に境目のない入浴が続いていきます。**いつ出ようか、いつでもいいや、なんにも感じないな、苦しくも痛くも熱くも冷たくもない、ただちょっとずつ、ピリピリじんわりと、血が末端まで行き届いてすべて解放されるような。ぼけっとしていてもいいし、湯が流れる音をただ聞くのもいいし、本を持ち込んでもいい。**緊張がすべてとろけて、テレビも見ずに仕事もせずにじっと湯に浸かるような贅沢が、とにかく嬉しいのです。**私はだいたい、体を浮かせたり沈ませたり、呼吸を整えて瞑想したりして、一、二時間ほどだらだらと浸かっています。退屈で幸せでたまらないのです。

ぬる湯のおすすめ宿を挙げるとすれば、まずは栃尾又温泉「自在館」（新潟）。ひとり旅客も歓迎しているプチ湯治宿で、東京から上越新幹線でサクッと行ける距離感がいいです。体にやさしいゴハンも、清潔で趣ある建物も好き。

祖谷温泉（徳島）は、忘れられないほどすばらしいぬる湯でした。断崖に建つ一軒宿で、ケーブルカーで行く谷底の露天風呂は絶品。硫黄のにおいがふんわりして、トロットロの肌触り、肌にまとわりつくアワアワがたまりません。ガチな秘境にあるのですが、この湯のためだけに訪れてほしいです。

川古《かわふる》温泉「浜屋旅館」（群馬）もすばらしいぬる湯です。キチキチでアワアワ、新鮮でいいにおい。混浴露天はハードルが高いけど、女湯にも露天があってサイコー。みなかみの山奥にある小さな宿で、静かで快適です。

奥津温泉「池田屋河鹿《かじか》園」（岡山）は、もはや「羊水に浸かっているのでは？」と思ってしまうほどの心地よさ。三九度の源泉がダバダバとかけ流されていて、アワアワの超新鮮でした。近くの高級老舗宿「奥津荘」だとさらに足元湧出だそう。山間の小さな温泉地ですが、つるさらアワアワですばらしすぎて、「めちゃくちゃ繁盛してほしい」という気持ちでいっぱいになりました。行ってほしい。

谷地温泉（青森）は、足元湧出でぬる湯という、私にとっては直球ストレートなタイプすぎる宿です。日本三秘湯のひとつに数えられていて、ややとろみがありながらもピリッと刺激もある湯。ひなびた湯屋の雰囲気が印象的です。

宿泊であれば「一晩中浸かっていられる」のがポイントですが、日帰り入浴でもぬる湯を楽しめます。「千原温泉湯谷《ゆんだに》湯治場」（島根）は、先述した足元湧出のぬる湯で、「地球」をひしひしと感じるほどプクプク湯玉が湧いてくる温泉でした。炭酸がじりじり効いていて、塩気のさっぱり感がたまりません。

山口温泉（山梨）は、モール泉（植物成分が染み出ている、茶色の温泉）でぬるつるなアワたっぷりのぬる湯。甲府からちょっと足を伸ばして行く、住宅地の真ん中にある民家のような施設です。気持ちよすぎて出るタイミングをマジで見失います。

ぬるくて新鮮な温泉は、肌にアワのつく（炭酸）ものも多くあります。プチプチピリピリするのは、ぬるいからこそ為せる浴感。多くの施設が湯上がり用に熱い湯船を用意しているので、初心者も安心して挑戦できます。無限に浸かってしまう、ぬる湯の世界へようこそ。

[奥津温泉　池田屋河鹿園] 比喩ではなく、本当に何時間でも浸かれる！

[千原温泉湯谷湯治場]
島根の温泉施設。
黄金の湯が足元から湧く

[川古温泉　浜屋旅館]
東京から行きやすい、
山間のぬる湯

[谷地温泉]
八甲田の山奥に建つ秘湯。
雰囲気もサイコー

[山口温泉]
住宅街に湧く名湯。
近所の人が羨ましい

_Tips 24

ヤバい色とヤバいにおいの温泉（褒めてる）

個性がわかりやすくて、圧倒的で、強烈な温泉が大好きです。とくに「くさい」温泉はたまりません。においのきつい温泉に浸かり、その後首筋からずっとそのにおいがしていると、嬉しくてにやにやしてしまいます。温泉旅行から帰って、夫から「すごい硫黄っぽいにおいがする」といわれると、「えへへ、そうでしょう」なんて気分です。温泉好きは共感してくれるのではないでしょうか。

私が「ヤバい」と思った初めての温泉は、塚原温泉「火口乃泉」（大分）でした。訪れたことのある方から**「浸かったら、むしろ具合が悪くなるのではと一瞬思うほどの個性」と聞き、意気揚々と向かったところ、まさに！　と膝を打つ強烈な温泉でし**

た（具合は悪くなりません）。焼けた岩肌の、そこここから煙が上がる山中に位置する塚原温泉は、高級温泉地・湯布院のすぐ近く。日本三大薬湯のひとつで、日本で二番目に酸性の強い温泉です（一位は秋田県の玉川温泉。玉川も超強烈です）。鉄イオンの含有量は日本一で、とにかく酸っぱくて鉄くさくて、ぴりりと刺激があります。レモン果汁のような黄色い温泉で、浴感はパリッパリ。塚原温泉に浸かって以来、酸性の温泉も大好きになりました。施設は清潔で案内もわかりやすく、初心者も挑戦しやすい「ヤバ湯」だと思います。

天下の名湯、有馬温泉（兵庫）も、かなりの個性を持っています。温泉成分の濃度は日本一で、塩分は海水の三倍。マッチョでパワフルな有馬の湯は「金泉」と呼ばれていて、まさに黄金色に輝く温泉なのです（実際に私が初めて浸かったときの印象は、「おみそしるみたいな色」でしたが……）。中でも旅館「上大坊《かみおおぼう》」は、ほかの施設がおみそしる色と表現するとしたら、ここはもう一段濃い赤だし色。濃厚レベルが振り切っていて、タオルも一瞬にして染まります。明らかに肌にまとわりつく色が違うのです。塩気がすごくて湯上がりは汗だらだら。あのパワー系温泉は、何年経っても忘れられません。

白く濁った温泉以外にも、魅力的な色湯はあります。山奥に建つ「国見温泉石塚旅館」（岩手）は、ビビッドなグリーンの湯がひたひたに満ちています。一見、入浴剤のような鮮やかさですが、もちろん天然のもの。泥状の湯の花が湯底に溜まっていて、硫黄のにおいも濃厚で絶品。つるやかな肌触りが気持ちよいです。登山客に愛される神秘的な秘湯でした。

灰色の温泉もたまりません。登別温泉（北海道）には、灰色に濁った硫黄のにおいたっぷりなしっとり湯がこんこんと湧いています。白濁も美しいですが、灰色もまた力強くて魅力的でした。また他にも、燕《つばめ》温泉（新潟）の「温泉宿花文《はなぶん》」は、消しゴムのカス（というと、途端に情緒がなくなりますが）のような黒～灰色の湯の花がドバドバと流れていて、温泉もほんのりグレーに濁っていて、圧巻。燕温泉の野天「河原の湯」「黄金の湯」は紅葉露天スポットとしても親しまれており、自然に囲まれたすばらしい温泉地です。ちなみに、燕温泉は妙高高原を登って辿り着くのですが、道中にある関温泉には鉄分いっぱいの赤い温泉が湧いています。

温泉のにおいの種類でいえば、硫黄以外もさまざまです。草のにおい、土のにおい、鉄のにおい、酸のにおい、ダシのにおい等々、新鮮な湯であればあるほど、鼻を近づけると「おっ」と驚くようなにおいがすることも。**中でもヤバくて大好きなのが、ガソリンのようなにおいのする温泉です。石油臭、アブラ臭とも表現されますが、まさにガソリンスタンドを彷彿とさせるそのにおいは、希少で超個性的。**しかも脳がバグるのは、「アブラっぽいぬるぬるの浴感ではない」んですよね、大体。どうやったらこんな湯が湧いてくるんでしょう……。豊富温泉「川島旅館」（北海道）は、自慢の「オイルバス」がさまざまなメディアで注目されています。「あすなろ温泉旅館」（青森）や新津温泉（新潟）も、すばらしいにおいでした。

［塚原温泉］ この酸と鉄のにおい、一度は体験してほしい

[登別温泉　さぎり湯]
湯底が見えないほど灰色に濁った登別の湯

[燕温泉　温泉宿花文]
湯船からだばだば溢れているのもたまらない

[あすなろ温泉旅館]
アツアツ塩湯×石油臭の衝撃たるや！

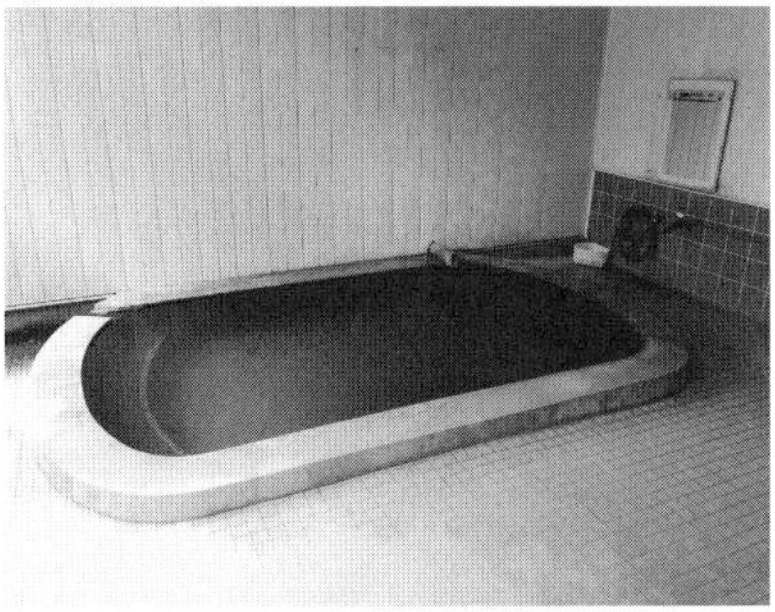

[新津温泉]
新潟市内に湧く屈指の石油臭温泉

_Tips

25

「あの湯のためだけに」わざわざ行きたい

新幹線駅・空港・都市から遠くアクセスにだいぶ難があるにもかかわらず、個性的ですばらしい湯が湧いているためにわざわざ訪れたくなるところがあります。平たくいえば、辺鄙な場所に位置する小さな温泉地（または一軒だけポツンと建つ日帰り入浴施設）を、個人的に〝わざわざ湯〟と呼んでいます。

例えば、本州の北端、「あの世に最も近い場所」といわれる、青森県の恐山《おそれざん》。日本三大霊山に数えられており、故人をしのぶ地として知られています。境内には湯小屋（共同浴場）がいくつかあり、透き通った硫黄の香る温泉がひたひたに満ちています。白い湯の花が湯船にまとわりついていて、さっぱり弾く新鮮な浴感がすばらしい。参拝客がすぐ横を通るようなところにあり、湯浴みをするのは度胸がいりますが、神聖な湯場で身も心も洗うような体験ができるのは恐山ならでは。いつまでも忘れられない温泉です。

　正直に書くと、恐山はどこから向かうにも大変で、気軽に行ってみたらといえる場所ではありません。でも、「あの湯のためだけに」行く旅行も楽しいものです。期待値はその分上がってしまうけれど、達成感で心がいっぱいになるのもあって、私はよく、わざわざ足を運んでしまいます。

　青森県にはもうひとつ有名な〝わざわざ湯〟があります。その名も「黄金崎不老ふ死温泉」。数多くのメディアに取り上げられているひょうたん型の露天風呂は、温泉好きにとって一生に一度は訪れたいあこがれ湯のひとつ。日本海が眼前に広がり、遠くのほうには漁船が見え、波しぶきがこちらに飛んできそうなほどの迫力。太陽の光できんきらに輝く塩気

[恐山境内の湯小屋] 湯船と洗面器だけ！　シンプルな湯浴みを体験

の強い濃厚な温泉は絶品です。海とひとつになるようなダイナミックな入浴は、あそこまで行かないとかないません。青森県西部の海沿いにあり、青森市からも弘前市からも秋田市からも車で二時間以上かかるところに位置しています（冬期限定で新青森駅から直行バスが出ています）。白神山地の麓で、周りはのどかな山と海。大きな観光スポットもほとんどありません。不老ふ死温泉のためだけに行って帰るような温泉旅行は、なんて贅沢だろう、と思うのです。

主要な街からちょっと足を伸ばしていく、日帰り入浴の〝わざわざ湯〟も大好きです。例えば、岐阜県高山市にある「荒城《あらき》温泉　恵比須之湯」。高山駅から車で三〇分ほどのところにある山間の小さな日帰り入浴施設です。飛騨高山の観光とセットでおすすめしたいけれど、どこかへ行く道すがらにあるわけではないので、わざわざ行くことになっちゃいます。だばーっと注がれては流れていくオーバーフローで、すさまじい温泉成分によって湯船や床はとろとろに変形・変色。加温している湯船と、源泉そのままの二〇度ぐらいの冷たい湯船があって、交互浴がサイコーに気持ちいい。源泉湯船はアワがたくさんつき、硫黄と鉄のにおいがくっきりしています。地元客に愛されている、隠れた名湯です。

日本三大美肌温泉のうちのひとつ、栃木県の喜連川《きつれがわ》温泉より少し外れにある日帰り入浴施設「喜連川早乙女温泉」も、この湯のためだけに訪れたくなる日帰りの〝わざわざ湯〟です。宇都宮駅から車で三〇分ほどでたどり着くそこは、田園広がる平地にぽつんと建っています。ぱりっと弾く塩の強い温泉で、硫黄のにおいも濃く、たゆたゆのオーバーフロー。半露天で心地よくて、エメラルドグリーンから乳白色に変わる色湯も美しい。シャワーと蛇口にも惜しみなく温泉が使われていて、温泉成分によってもう全然石鹸のアワが立ちません（褒めてる）。宇都宮餃子を食べる旅行のついでにぜひ、わざわざ寄ってほしい名湯です。

ちょっと行きにくい温泉に客足が途絶えないのは、魅了されたファンがたくさんいるから。前述した徳島県の祖谷温泉（Ｐ１２８）、東京の離島の式根島（Ｐ１４４）、鹿児島県の湯川内温泉（Ｐ１５６）、後述する山梨県の奈良田温泉（Ｐ１７７）、和歌山県の湯の峰温泉（Ｐ１２３）や龍神温泉（Ｐ１２１）も〝わざわざ湯〟のようなも

[黄金崎不老ふ死温泉]
眼前に広がる日本海！
遠くで漁船が通ることも

[荒城温泉]
飛騨高山旅行の際は
ぜひ足を伸ばしてみて

[荒城温泉]
源泉湯船と加温湯船の
交互浴が楽しい

[喜連川早乙女温泉]
半露天でいただく、
硫黄たっぷりの色湯

の。近くに寄れるめぼしい観光スポットや温泉街がなくたって、その湯のために、どうしても……と車を走らせるその時間は、わくわくしてたまりません。自分のためだけに、夢中で時間と手間を使ってどこかへ行くのは、大人の特権だなあと思います。

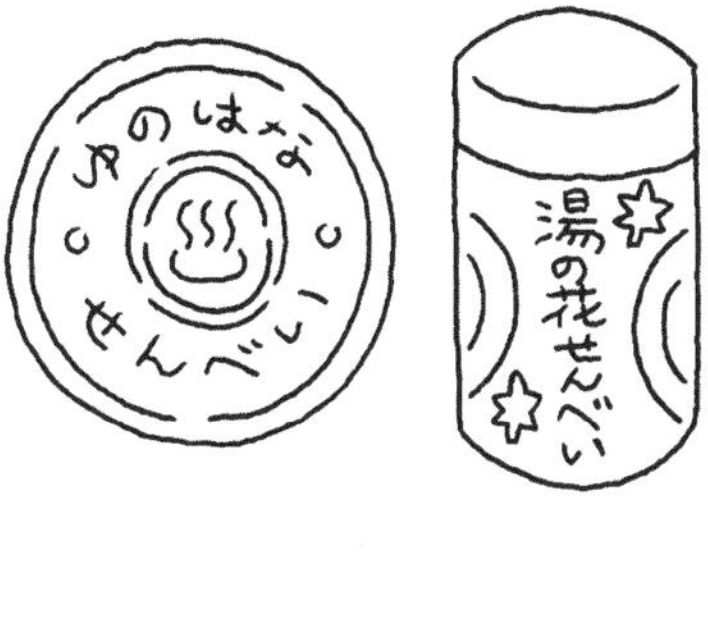

_Tips
26
山梨の温泉はマジでヤバい。東京から温泉行くなら山梨

二〇一八年に書いたブログ記事、「山梨の温泉はマジでヤバい。明らかに最高。東京から温泉行くなら山梨」が恐ろしいほどに拡散されました。今も変わらず、山梨は推しオブ推しです。本当にすばらしい。

東京から行きやすい温泉地といえば、箱根・湯河原（神奈川）、熱海（静岡）、伊香保・草津（群馬）に、鬼怒川（栃木）あたりが主に挙げられます。

一方、山梨県の温泉といえば、有名どころは富士河口湖あたりか、景観のいい「ほったらかし温泉」。甲府のすぐ近くに湧く石和温泉も、アクセスがよくいい湯が湧いています。

ですが、「温泉に行きたいから山梨に行くぞ！」というモチベーションの人は、そ

んなに多くない気がします。確かに、ほったらかし温泉のようにすごく景観のいい湯が多いわけでもなく、箱根のように観光が充実しているわけでもなく、熱海や草津や伊香保のように旅情あふれる温泉街があるわけでもありません。**でも、山梨はもう、すごい。とにかく湯がサイコーなんです。**

おすすめは新宿から特急電車「あずさ」に乗って、甲府でレンタカーを借りて、車で県内を湯めぐりする旅行。一泊二日であれば、甲府にとどまって温泉銭湯に浸かるだけでも十分楽しいですよ（詳しくはＰ２７４参照）。

最推しは、二〇二〇年三月から宿泊業務を終了してしまった「奈良田温泉 白根館」。私にとっては、十本の指に入る圧倒的な温泉です。**よく「全身が美容液に浸かっているみたい」と温泉を表現しますが、まさにそれ。奈良田温泉のためにある表現だと思います。**浴感はとろとろというかもう、ねばねば。硫黄のにおいたっぷり、源泉ドッパドパです。「七変化の湯」と呼ばれている通り、昼と夜でなんとなく肌触りが変わったり、色が違ったりしていて飽きません。ゴハンもおいしくて大好きだったなあ。日帰り入浴でもぜひです。

「増富ラジウム温泉　不老閣」も個性的でした。日帰り入浴で訪れたのですが、すんごいサイコーなラジウム温泉（放射能泉の一種。Ｐ２３９参照）です。湯温は三〇～三六度でぬるめ、パキパキ鉄分たっぷりの温泉がとにかくパワフル。炭酸もあってピリッピリします。すごくぬるいのに、ちょっと浸かっただけでも湯船から出た瞬間じゅわっと肌が熱くなるような、不思議な霊泉でした。

日帰り入浴施設「韮崎旭温泉」も激推しです。ご主人の表現を借りると「こまっこい泡（細かい泡）」が肌にもうブワーッとつきます。天然の炭酸泉で有名な温泉地といえば大分県のラムネ温泉（長湯温泉）ですが、山梨のここにもぜひ浸かってもらいたいところ。なんてったって、ドバドバのオーバーフロー。四方八方、温泉が流れ落ちていきます。浴感は軽めで、新鮮すぎてくらくらしちゃいました。浸かってものの数分で肌に大量にまとわりつく、アワオブアワ。めちゃくちゃ驚きの体験が待っています。

甲府から近い温泉地・石和にも、推しの温泉がありました。旅館「深雪温泉」は、旅館にある湯船すべてが源泉かけ流し。貸風呂（内湯・露天）、大浴場の内湯（男女）、露天（男女）の合計六つ、それぞれもかなりの広さなのですが、いずれもびっくりするぐらいのドバドバな温泉の投入量で、しかもシャワーまで温泉でした。ヤバすぎる。いずれの湯船も、自家源泉二本（源泉温度五〇度と三六度）の混合泉で、敷地内で自噴しているため、とにかく新鮮なのが魅力です。温泉は少しだけ茶色〜緑色がついていて、茶色い湯の花がふわふわ舞っており、肌触りはつるつるきゅっきゅ。硫黄のにおいもします。

　石和から車で十五分ほどのところにある「岩下温泉旅館」もぜひ紹介したいところ。開湯一三〇〇年の宿で、明治八年に建てられた国の登録有形文化財にも指定されている旧館がすばらしいです。浴場は、思わずためいきの出る、褪せたタイル湯船と高い天井が魅力。あっさり爽やかな二八度の霊湯がたまらんのです。半地下になっている湯場は、明治・大正期の温泉宿にみられる設計らしく、あまり他では味わえない体験でした。冷たいのにずっと入れちゃう不思議な温泉です。

　ちなみに、前述した「足元湧出」の下部温泉（Ｐ１５８参照）も山梨県です。なんというポテンシャルでしょう。しかも、地ビールに地ワイン、地ウイスキーまで、お酒好きにはたまらない地産品が目白押し。野菜もお肉もおいしいです。富士山も見えます。山梨、サイコー。もっと評価されて、もっとたくさんの人に愛されてほしいなあと思っています。

[奈良田温泉] 全身美容液に浸かる感覚、絶対体験して

[増富温泉] ぬる湯なのにじゅわっと身体が温まる！

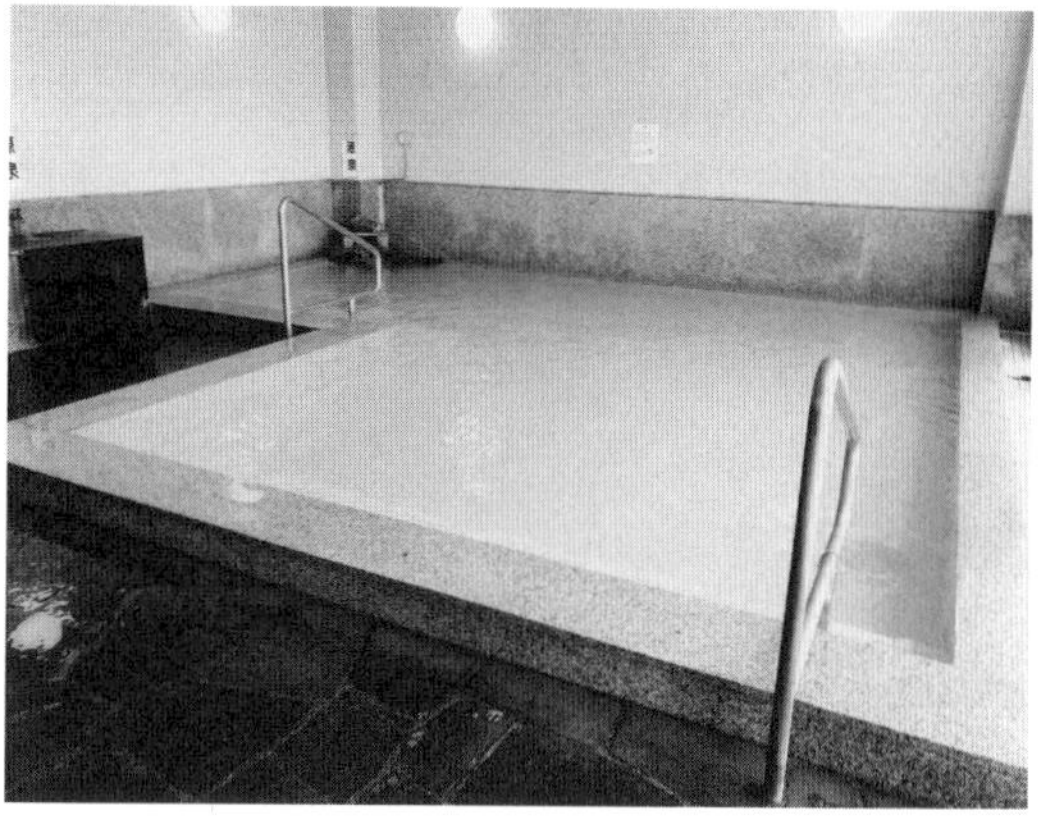

[韮崎旭温泉]
ドバドバと温泉が溢れる
新鮮な炭酸泉

[深雪温泉]
対角線上から違う源泉を
注ぎ込む混合泉

[岩下温泉旅館]
夏にぴったりの冷泉。
身体にひんやり沁み渡る

Tips

27

売れてくれ、島根のサイコーな温泉たち

あまり賑わっていない、すばらしい温泉に出会うと、「売れてくれ」と思います。

まだ世間に知られていない俳優さんを推すのと同じ気持ちですね。売れてくれ、売れてみんなに愛されてくれ、ちょっと混雑する（≒チケット取りにくくなる）のは嫌だけど、あなたがそれで幸せになって営業（≒芸能活動）続けてくれるなら私は本当に売れてほしいと思うしみんなに宣伝するね……みたいな感じです。デビュー前から応援していたインディーズバンドが売れたらさびしいけれど、私の目は間違っていなかった、嬉しい！　とも思いますよね。**そう、そんな気持ちになるのが島根の温泉地です。売れてくれ。**

特に推しているのが、島根の西側に位置する有福《ありふく》温泉、温泉津《ゆのつ》温泉。有福は「山陰

の伊香保」ともいわれていて、石段街の美しい温泉地です。建物の半分以上がもう空き家らしく、かなり閑散としていますが、湯はもうマジの逸品。浴感、肌触りがもう、本当に驚くほどつるっつるなのです。丘の上の共同浴場「御前《ごぜん》湯」は、脱衣所のすぐ近くから湧いている新鮮な温泉がたっぷり注がれていて、たゆたゆのオーバーフロー。青いタイルがかわいらしく、少し深めな湯船の設計もすばらしくて、大好きな共同浴場です。……雰囲気もすばらしいので、有福は永遠に続いてほしい温泉地です。私が富豪ならごっつい旅館建てるのに。

　温泉津は、有福から四十五分ほど車を走らせたところにある温泉地。有福よりもう少し大きい温泉地で、瓦屋根の古きよき旅館が連なっています。二〇〇七年、石見《いわみ》銀山とその周辺が世界文化遺産に登録され、温泉津もそのひとつに含まれました。この「世界遺産の温泉地」には、被爆者の湯治にも使われた、国内屈指の療養泉が湧いています。あっつあつの塩湯には、いろんな成分がごったごたに含まれていて、ガツーンと体に染みます。力強い温泉成分によって、共同浴場の湯船や床はとろとろに変形・変色していて圧巻。しっとりした温泉街にはバーやカフェもあり過ごしやすく、地酒もおいしいです。温泉津も空き家が多いみたいなので、本当にがんばってほしい、売れてほしいのです……。

島根の温泉地といえば、一番の有名どころは玉造温泉です。美肌の湯として一三〇〇年前から愛されていて、川沿いには旅館が軒を並べ、温泉コスメの種類も豊富で、若い女性グループ客がたくさん見られる売れっ子温泉地です。縁結びにご利益があるといわれる出雲大社が近いことから、セットでの旅行が人気。**玉造もいいけれど、有福・温泉津にもぜひ寄ってほしいな……というのが、温泉オタクの願いです。**

島根にはすばらしい温泉がまだまだあります。前述した「千原温泉湯谷湯治場」（P163）はじめ、バルブでお客さんが温度調節する変わった設計の濃厚鉱泉「木《き》部《べ》谷《たに》温泉　松乃湯」、ぺとぺとな浴感がサイコーに気持ちいいぬる湯の三瓶《さんべ》温泉「鶴の湯」、つるつるしっとりかけ流しで川沿いのまったりした雰囲気が心地よい奥出雲湯村温泉「湯《ゆ》乃《の》上《うえ》館」などなど、推しだらけです。飛行機でびゅんと、行ってみてはいかがですか。

ちなみに、山口・鳥取・岡山北部あたりもすばらしい温泉が湧いているので、山陰まるっと旅行するのもおすすめです。山口の一《いち》の俣《また》温泉はトロットロで気持ちいいし、鳥取は日本一のラジウム泉が湧く三朝温泉は要チェックだし、岡山は湯原温泉郷もいいけど近くにある奥津温泉のぬるいアワアワ湯がサイコーすぎるので……。

いずれの地域も、東京発だとかなりアクセスに難があります。小さな地域の空港に着いて、何時間か車を運転して、ようやっと着くような温泉地もあります。でも、えいやと行ってしまっても損はないような温泉ばかりです。「いつもの温泉旅行」にちょっと飽きてきたら、ぜひ。

[有福温泉　御前湯] 全国でも指折りのつるつる湯

[温泉津温泉　薬師湯]
湯船が生きている
ような迫力

[木部谷温泉　松乃湯]
地元民ご用達。
黄金色のパワフル温泉

[一の俣温泉]
下関市内にある。
つるとろ湯が気持ちいい

_Tips 28

福岡南部の温泉、よすぎるので何回も行っちゃう

全国の温泉取材をしているとき、運転続きで体がしんどくなり、久留米にある接骨院に助けていただいたことがありました。車中泊でずっと取材をしている事情を話すとたいそう驚き、一宿一飯のお世話にもなりました。その接骨院のご夫婦が「絶対行ってみて」と教えてくれたのが、原鶴《はらづる》温泉の「光泉《こうせん》」です。

福岡南部は名湯だらけでした。筑後川温泉、原鶴温泉、久留米の温泉はもう、サイッコー。無色透明なのですが、ぬるぬるとろとろな浴感、適温で新鮮な源泉かけ流し、硫黄のにおいがほんのりして、大興奮です。**「光泉」は、タイル張りの小さな内湯ひとつだけのシンプルな湯屋ですが、化粧水かローションかといったような粘り気**で、

「水は肌から流れ落ちるもの」という固定概念が崩れ去ります。湯上がりテッカテカです。シャワーも蛇口も温泉で、ぬめぬめが体にへばりついています。極上すぎました。接骨院のご夫婦には、感謝してもしきれません。

久留米の田園の中に潜む「あおき温泉」は、私の経験上、全国で十本の指に入る超絶な温泉でした。前述したような「光泉」の特徴に加え、湯量がハンパない。ドッバドバにかけ流されていて、新鮮そのもの。硫黄の甘いにおいも充満しています。温泉街でもなんでもない、地元の人ご用達の素朴な施設に、こんな湯が隠されていたとは……とはちゃめちゃに興奮しました。格別です。

久留米は「慧華《けいか》乃湯」も素晴らしかったなあ。住宅街に佇む日帰り入浴施設で、湯船は岩造りの露天だけ。こちらもぬるぬるつるつるな浴感で新鮮、硫黄のにおいもたっぷりで、白く小さな湯の花も舞っていて、シャワーと蛇口からも温泉が出ています。近所にこんな温泉が湧いていていたら無限に通ってしまいますよ。福岡南部の温泉、ヤバすぎます。

ちなみに、太宰府天満宮の近くにある小さな温泉地・二日市温泉（P148）でも、似たような浴感の温泉が楽しめます。柳がしなる温泉街の中心に建つ「博多湯」はぜひ立ち寄ってもらいたいところ。おしゃれな岩造りの湯船で趣があり、つるりとした肌触り、浴場には硫黄のにおいが立ち込めています。ラドンを多く含んでいるので、放射能泉的な効果（P239）も期待できそう。太宰府観光とセットでおすすめしたいです。

福岡南部の周りは、誘惑だらけです。西へ行けば佐賀の嬉《うれし》野《の》・武雄温泉、東へ行けば大分の別府・湯布院温泉、南へ行けば熊本の山鹿温泉……といった具合で、福岡南部に寄る・泊まる旅程を立てるのは、ちょっと勇気がいるかもしれません。でも、信じてください。す〜〜ごい温泉が待っていますから。観光スポットや情緒ある温泉街はないのですが、湯の個性そのものに、触れてみてほしいのです。

［原鶴温泉　光泉］粘り気のある温泉、ぜひお試しを！

[あおき温泉] 私にとっては〝ほぼ完璧〟な温泉

[慧華乃湯] 福岡南部のつるとろ湯を露天風呂で

_Tips 29

和歌山の温泉はもっと愛されるべき

働いていた旅行雑誌の編集部に、「毎年必ず和歌山へ行く」という先輩がいました。友人家族と子連れで何泊かしに行くそうです。温泉浸かって、アドベンチャーワールド（動物園・水族館・遊園地が一体になった巨大テーマパーク）で遊んで、海鮮とラーメンに舌鼓を打って。私もその話を聞くたびに、「わかります、本当に。私も和歌山大好きです」と共感していました。和歌山は、サイコー。

温泉だけでいえば、関西を見渡すと、有馬温泉と城崎温泉を抱える兵庫がこと目立ちます。そもそも関西は温泉が他と比べると少なめ。京都は北部の京丹後地方と、天橋立近くの宮津に温泉が湧いていて、奈良の山奥には十津川温泉が、大阪には掘削して湧かせたスパやスーパー銭湯が……といった具合。その点、和歌山の温泉は粒ぞろいです。

和歌山で最も大きな温泉地は、南紀白浜温泉。兵庫の有馬、愛媛の道後と並べて日本三古泉のひとつに数えられています。一三〇〇年以上の歴史がある温泉地ですが、いまはヤシの木がそこここに生える、近畿屈指のリゾート。オーシャンビューがかなう温泉がたくさんあり、夏は海水浴客で賑わいます。硫黄のにおいと磯のにおいがする温泉は、海のミネラルたっぷりな塩の湯。体の芯までぽくぽくに温まるいい温泉です。近くには前述したアドベンチャーワールドがあり、家族連れもグループもカップルもめちゃくちゃ楽しめます。和歌山のおいしいものがすべて揃った超巨大市場「とれとれ市場」もマストで訪れたいところ。わいわい楽しむ旅行にはぴったりです。

もちろん和歌山の温泉、これだけではありません。私の最推しは、湯の峰温泉（P123）。つるつるした浴感で、硫黄のにおいも心地よく、じんわり心身が癒やされます。湯の峰は温泉だけでなく、街並みが美しいのもポイント。ひなびた雰囲気が非日常を演出してくれます。硫黄のにおいが町中に染み付いているようで、温泉ファンはたまらないはず。「あづまや」など、風情ある旅館も残っています。

他にも、龍神温泉（Ｐ１２１）は欠かせません。日本三美人の湯のひとつに数えられている温泉地です。もうもうと茂る木々が旅館群を包み込んでいるようで、ひっそりとした雰囲気。美人の湯の評判よろしく、つるつるで湯上がりしっとり。軽い浴感なので長く浸かりたくなるのも魅力です。湯上がりはほっと一息ついて、川魚をつまみに地酒をいただくような、静かな贅沢を味わえます。

まだまだあります。川底から湧く湯にそのまま浸かる野天「仙人風呂」がある川湯温泉（Ｐ１２２）。和歌山市内にある黄金色に輝くパッチパチの炭酸泉「花山《はなやま》温泉薬師の湯」。勝浦港から専用の船で行く孤島のホテル「碧き島の宿 熊野別邸 中の島」等々……。**和歌山は特にゴハンもおいしくて、太平洋を眺めながらのドライブがめっちゃくちゃ気持ちいいですよ。**関西の主要観光地と並べると、どうしても足を伸ばす印象があるかもしれませんが、和歌山の温泉、もっと愛されてほしいです。

［湯の峰温泉　つぼ湯］ ひとりサイズの湯船。神秘的な青い色湯

［龍神温泉の元湯］ 山奥でいただく、つるさら美人湯

_Tips 30 アイラブユーベイビー福島

私が初めて東北を訪れたのは、東日本大震災から二年半の月日が経ったころ。震災復興の道半ば、といった雰囲気に包まれていて、宮城や岩手の海沿いは、瓦礫が撤去されてまっさらになった平地が延々と続いていました。初めて福島に訪れたのもそのころ。親戚もおらず、テレビやインターネットで得ていた情報だけでイメージしていた福島とは、まったく違っていました。のどかでおおらかで、観光もグルメも温泉も充実していて、「すてき」でした。今はもう震災前ほどの観光客が戻ってきているそうですが、本当にいい温泉が湧いているので、引き続き応援していきたい気持ちでいっぱいです。

とにかく、東京からのアクセスが（想像以上に）楽なのです。東京駅から福島駅まで、東北新幹線で一時間半ほど。ちなみに、新宿―甲府は一時間半、浅草―鬼怒川は二時間ほどかかります。新幹線なので割高ですが、時間だけで見れば「東京から近い温泉地」にカウントしてもよさそう。特に、福島駅から宿まで送迎プランがある高湯・土湯温泉あたりは、とってもおすすめです。

大好きなのが、すでに何度か本書でおすすめしている高湯温泉。江戸時代から続くしきたり「一切の鳴り物を禁ず」を今も守る、静寂に包まれた山奥の温泉地です。白く濁った硫黄のにおい豊かな温泉は、旅情たっぷり。**「こういうザ・温泉浸かりたかった～！」って嬉しくなっちゃう湯なのです。**趣ある旅館で、福島のおいしい地酒とグルメを堪能する旅行がかないます。周りには旅館しかないので、おこもりがしたいときにぜひ。ちなみに、高湯の近くには、私の大好きなぬる湯が湧く微温湯《ぬるゆ》温泉（名前もぬる湯！）もあります。

土湯温泉にある「不動湯温泉」も大好きです。二〇一三年夏に火災によって焼失してしまい、現在は日帰り入浴のみで復活されています。私が訪れたのは、火災よりわずか二週間ほど前のこと。山の温泉というと、「硫黄！」「濃厚！」とガツンとくるものが多いですが、ここはちょっと違いました。山そのものが溶け出したようなやわらかさとつるやかさで、総檜造りの湯船にとろとろと注がれていて、なんとも優雅です。渓流沿いに造られている混浴露天も野趣あってよさそうでした。

宮城県の鳴子・秋保温泉と並んで、奥州（東北）三名湯のひとつに数えられている飯坂温泉もいいところです。福島駅から飯坂温泉駅までは二〇分ほどで、アクセスも楽々。アッツアツでつるさらな温泉が心地よいです。温泉街が充実していて、散策も楽しめるのがすてき。街のシンボルである「鯖湖湯」は、外観も内観も和モダンで美しいです。

また、会津若松の温泉地・東山温泉には、国の登録有形文化財にも指定されている老舗「向瀧《むかいたき》」、滝を眺めながらの絶景温泉が楽しめる同じく老舗「庄助の宿　瀧の湯」などの人気宿もあります。あとは、エメラルドグリーンのぴりりとくる酸性泉がすばらしい岳《だけ》温泉が大好き。猪苗代方面には、「ペンション　プチポワ」「Lake side inn Beehive」など、こだわり抜かれた至極のペンションが軒を連ねています。「福島のペンションはすごい」と旅行雑誌時代に何度も驚きました。

アイラブユーベイビーふくしま、とうたう歌が震災当時に流行りました。いまも口ずさみながら、温泉に向かっています。

［高湯温泉　共同浴場あったか湯］
その静けさと温泉の美しさに魅了されるはず

［土湯温泉　不動湯温泉］焼失前の不動湯温泉の湯船。美しい……！

［飯坂温泉　鯖湖湯］日本最古の木造建築の共同浴場だそう

_Tips 31

やっぱり別府がナンバーワンかもしれない

移住したい温泉地をひとつ挙げるとすれば、真っ先に別府が浮かびます。これから一生ひとつの温泉地しか行けなくなるとしたら、別府を選びます。**とにかくなんでも揃っている、最強の温泉地だからです。**

湧出量も源泉数も、ぶっちぎりの日本一。日本の源泉の約一割が別府にあるといわれています。まさに「湯の町」な別府は、地方都市の側面が色濃くあります。なぜかというと、別府の〝温泉街〟と〝生活圏〟は重なった状態で発展しているから。繁華街も、学校も、大きなショッピングセンター（ゆめタウン）も、山も、海も、温泉も、ほとんど同じエリアにぎゅっと詰め込まれています。大学があるため若者も多く住んでいて、そこここがにぎやか。例えば、温泉地で居酒屋に入り、観光客と地元の学生やファミリーが同じように座ってにぎわっている風景は、どこでも見られるものではありません。**温泉街と生活圏が重なった別府は、「住みたい温泉地」「ずっと居たくなる温泉地」として私の中でトップに君臨しています。**

別府の温泉は、市内に点在している温泉エリアを総称して「別府八湯」と呼ばれており、それぞれに個性豊かな湯が湧いています。十ある泉質のうちほとんどが湧いているので、浸かり比べができるのもポイント。さらに、別府市内にある温泉施設のうち、八十八箇所をめぐるという〝やりこみ要素〟のプログラムも用意されています。「別府八湯温泉道」と名付けられたそれは、二〇一四年時点で五〇〇〇人以上が八十八湯制覇に成功しているのだとか（八十八の温泉めぐりを数十回重ねる達人も何人かいるそうです）。さらっと訪れても、何回訪れても、住んじゃっても、無限に温泉を楽しめるのが別府の恐ろしいところです。

そしてなんと、別府はゴハンもおいしいのです。関あじ・関サバといった海の幸は絶品。とり天、りゅうきゅう（刺身の漬け）はマストだし、ご当地グルメ・別府冷麺も、温泉グルメ・地獄蒸しも欠かせません。あと、むぎ焼酎ね……！

別府は〝なんでも勢揃い〟なのが魅力的なものの、初めて訪れるときはどこへ行けばいいかわからなくなります。私的には、

- **竹瓦《たけがわら》温泉（繁華街の中にそびえ立つ、別府のシンボル的な温泉施設）**
- **鉄輪《かんなわ》温泉（温泉街っぽい情緒。むし湯が強烈で、火葬されている気分になる）**
- **明礬《みょうばん》温泉（山の上にある、硫黄のにおいたっぷりな白濁温泉のエリア）**

をまずはおさえたらオッケーだと思います。そして、コバルトブルーな観海寺温泉の「いちのいで会館」、三種の源泉がミックスされた鉄くさい「柴石《しばせき》温泉」、泥湯が人気な「別府温泉保養ランド」、地元の人ご用達の共同浴場「不老泉」「駅前高等温泉」、「杉乃井ホテル」「ＡＭＡＮＥ　ＲＥＳＯＲＴ　ＳＥＩＫＡＩ」「ＡＮＡインターコンチネンタル別府リゾート＆スパ」などのホテルの美しい湯場と、すてきな温泉たちを楽しんじゃいましょう。別府の温泉は百円から十万円まで、すべてがサイコーです。

別府を知らないなんてもったいない。

_Tips 31

[竹瓦温泉]
温泉だけでなく、
砂むし風呂もあって楽しい

[鉄輪温泉]
もくもくと湯気が舞う温泉街。ぜひむし湯へ

[明礬温泉]
湯の花小屋が並び、つくる過程も見学できる

_Tips

32

水着で浸かるヨーロッパの温泉もめちゃくちゃ楽しい

二〇一九年、転職に際し、一カ月の有休消化期間を手に入れました。せっかくだからと頑張って計画立てて行ったのは、ヨーロッパ。最後にいただいたボーナスを握りしめ、ドイツ、ハンガリー、アイスランドで計十五箇所の温泉をめぐりました。いや〜楽しかった。それまで海外で訪れた温泉といえば、寒すぎて足元しか入らなかったパムッカレ（トルコ）と、今にも崩れそうな見た目の北投温泉（台湾）の公衆浴場だけ。ヨーロッパは基本混浴だし、水着で浸かるような温泉も果たして楽しめるのか……？　とドキドキしながら行ったのですが、すばらしい体験が待っていました。

ドイツの温泉保養地には、かつてヨーロッパ各地から貴族や作曲家が訪れたそうで、日本でいえばさながら将軍や文豪に愛された箱根・熱海のよう。入浴プログラムもかなり研究されていると聞くので、とっても楽しみでした。訪れたのは「ヴィースバーデン」「バーデン・バーデン」「バート・ホンブルク」の三つの温泉地。ドイツの玄関口・フランクフルトの周りに点在しているので、めぐりやすいのもポイントです。ドイツ語でBadeは入浴の意味なので、Bad（バート）やBaden（バーデン）は温泉地を指すようです。湯河原とか湯布院みたいなことなのでしょう。

　基本的にドイツの温泉地には、「現代的な日帰り入浴施設」と「トラディショナルな日帰り入浴施設」の二つが備わっていて、前者はプール、後者はサウナの様相が強いです。一つの施設を楽しむのに二時間はかかるので、一日二箇所めぐればくったくた。大体がロッカーキーで最後に精算する仕組みをとっていて、場内にあるカフェバーで食事をしたり、ビールを飲んだりしながらうだうだと過ごします。基本は混浴ですが、曜日で女性専用デー（または男女別の日）を設けている場合があるので、事前の情報収集が肝心でした。

　現代的な日帰り入浴施設も楽しいのですが、やっぱり温泉オタクが興奮したのは

「トラディショナル」なほう。ドイツの中で一番好きだったのは、バーデン・バーデンの「フリードリヒス・バート」でした。十二の源泉からなるミネラル豊富な混合泉がウリ。**浴場には十七の工程が決められていて、「このサウナに何分」「この湯船に何分」とプログラムがありました。これがすごく面白い。ベルトコンベアで健康にされていく気分です。**九番目の工程で、三六度ぐらいのぬる湯に浸からされるとき、天国かと思いました。ほんのり塩味の炭酸泉で、新鮮そのもの。アワアワ。サイコーです。

　ドイツは全体的に炭酸のぬるい温泉が多くて、ぬる湯好きにはたまりません。温泉＝高級保養地らしく、お客さんは「遊びに来ている」のではなく、「休みに来ている」雰囲気。治安もよくて、どの温泉地も上品でした。サウナがかなり充実していて、どこの施設も種類豊富なのもすばらしくて。スタッフが説明しながらサウナストーンに水を入れてブワーッと扇ぐ「アウフグース」（ロウリュ的なプログラム）はマジで一年分の汗をかきました。いずれの温泉地にも「クアハウス」という娯楽施設があり、湯治客がカジノや舞台を楽しむところとして親しまれているのも興味深かったです。ドレスコードがあるので、温泉街にドレスや革靴が買えるブティックが並んでいるのも面白かったなあ。

ハンガリーは、ブダペストにある温泉をめぐっていました。「ヨーロッパ最大のスーパー銭湯」とうわさの「セーチェニ温泉」をはじめ、ドナウ川沿いにいくつか温泉施設があるのです。本当に町中に点在しているので、日本の銭湯に近い感覚でサクッと入浴できるのが素敵。ヨーロッパ的な温泉設備が整っている「セーチェニ温泉」「ルカーチ温泉」「ゲッレールト温泉」のそれぞれにいい部分はあったけれど、トルコ式浴場を構える「キラーイ温泉」「ルダシュ温泉」のほうが好みでした。

一番よかったのは、「ルダシュ温泉」。トルコ式浴場も、サウナも、水泳プールも、パノラマ露天もあるてんこもりな施設です。二八度、三〇度、三三度、三六度、四二度の湯船が五つある湯場がとにかくサイコー過ぎました。**熱いのとぬるいのと、ぐるぐる永遠に湯船マラソンができちゃいます。とろつる湯で、硫黄のにおいがとっても豊か。**飲泉もできます。四二度は日本人好みですが、ヨーロッパではかなり熱いので希少。気楽に浸かれる女性専用デーにぜひおすすめしたいです。

ドイツやアイスランド（後述）と比べて、ハンガリーは温度の違う湯船が備わっているので、交互浴が好きな方にはおすすめでした。社交場としての機能がかなり強いため、みんな賑やかで、スーパー銭湯のような雰囲気です。芒硝のにおいがしたり、硫黄のにおいがしたり、つるつるな浴感だったり、近場で湧いていながらそれぞれに温泉の個性を感じたのもよかったなあ。宿泊は、ゲッレールト温泉が併設されている「ダヌビウス・ホテル・ゲッレールト」がおすすめ。早朝の空いていて清潔で新鮮なゲッレールト温泉に浸かれます。

アイスランドは、いわずとしれた火山の国。地熱によって湧き水が基本熱いため、水道水はわざわざ冷ましていて、給湯器いらずなのだとか。もはや「デフォルトが温泉」といったところでしょうか。

アイスランドの旅行は、基本的にツアーに参加するか、レンタカーに乗って自分でめぐるしかありません。しかもツアーのほとんどが自然目当てなので、滝を見たり、オーロラを観察したり、氷の洞窟を探検したり……とかなりアクティブなラインナップなのです。私のような温泉だけが目当ての観光客はほとんどいません。首都レイキャビク発のツアーで、ひとり客でも楽しめたのは、「ブルーラグーン」「シークレットラグーン」「フォンタナ・スパ」でした。レイキャビクの市民温泉プール「ロイガルダルスロイグ」も面白かった。

やっぱり目玉は、なんといっても世界最大の露天風呂「ブルーラグーン」。入場料はなんと約一万円（当時、私が選んだプラン）です。でも、ここまで来て、渋るわけにはいきません。えいやと行ってみたところ、メディアでよく見る青白い色をした温かい温泉がずうっと続いていて心が震えました。本物……ついに来た……と、感慨深くなります。とはいえ、温泉といっても、地熱海水によって造られた人工の温泉。でも、ミネラル豊富で塩気たっぷり、磯の香りがして、よーく温まりました。とにかく広い、気持ちいい、楽しい。風が強いと優雅さは半減しますが。泥パックのようなシリカを試したり、バーでビールを飲んだりして写真を撮っていると、あっという間に時間が経ちます。ホテルもあるから泊まればよかったなあと後悔しました。

アイスランドの温泉は、ドイツやハンガリーと比べて湯温が高く、大自然に囲まれていて、開放感は抜群です。ふつうのシティホテルに泊まったのですが、どこの蛇口をひねっても硫黄のつるとろな温泉が出てきて本当にすばらしかったです。ただ、物価がびっくりするほど高い。レストランのビール一杯一二〇〇円、ワンプレート四千円の世界でした。ちなみに北海道ぐらいの広さに温泉が点在しているので、旅行にはかなりの日数が必要でした。

日本とは設備・ルール・雰囲気が何もかも違うので、「日本と違う温泉、違う体験」を求める旅行であれば、海外の湯めぐりはとてもおすすめできます。**特にぬる湯好きは、ヨーロッパの温泉も気に入るはず。**お金も時間もかかりますが、来なければよかったなんて、一度も思いませんでした。

温かい湯に浸かって心身をリラックスさせるのは万国共通。お客さん全員が心地よさそうで、「私が好きなものは、みんなも好きだった！」という謎の幸福感に包まれました。どこの温泉も、サイコーだ。

_Tips
32

[フリードリヒス・バート]
ドイツの日帰り入浴施設は
荘厳な外観も魅力

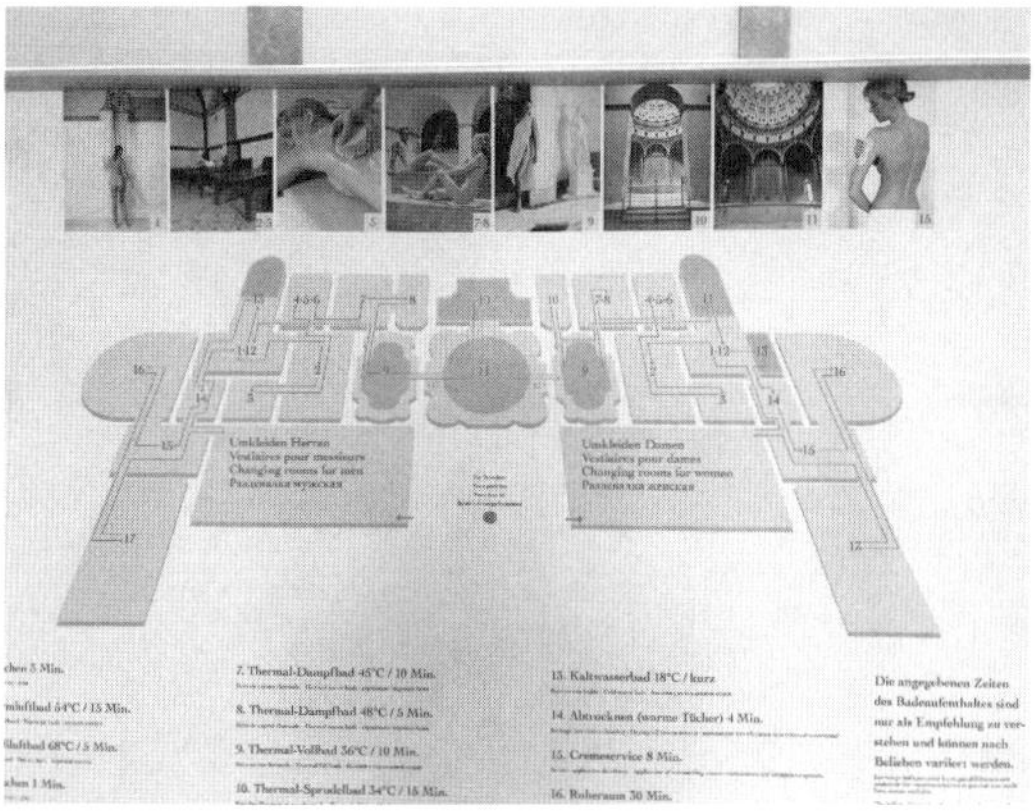

[フリードリヒス・バート]
どこにどれだけ浸かるか
プログラムされている

[ゲッレールト温泉]
美しい湯場はアール・
ヌーヴォー様式という

[ブルーラグーン]

ブルーラグーンで至福の一杯！

4

自分に合った、サイコーの推し温泉を見つける

_Tips 33

私なりの〝いい温泉〟の定義

全国の温泉取材をしていた最初のころ、〝いい温泉〟がなんなのかよくわからないまま、他の方のブログやレビューを参考にしながらどうにか自分の言葉をひねりだし、記事を書いていました。そんなずぶの素人でも、毎日何湯もはしごしていると、少しずつ違いがわかってくるもの。取材の旅に出て十日ほど経ったころに訪れた、猪の倉温泉（三重）での体験は、いまもよく覚えています。「え、こんなにぬるぬるな温泉があるの……？」と、まさに目からうろこ。そのときは東京を出発して湯河原・箱根・伊豆を訪れ、知多半島に立ち寄りながら三重に到着するようなルートをたどっていました。三重までは無色透明の優しい温泉や、海沿いの塩辛い温泉など、個性がわりと似ている湯に浸かっていたので、「ぬるぬるな温泉」は初体験でした。当時の私のレポートには、「ずっと肌にへばりついて離れない」と興奮が残っています。

猪の倉温泉は、人生でおそらく五〇湯目ぐらいの温泉で、それからさまざまな「ぬるぬるな温泉」に出会うことになります。いま浸かったら、当時以上の感動はないかもしれませんが、私にとっての温泉観が大きく変わった出来事でした。

〝いい温泉〟を改めて考えると、個人的には、「個性のわかる温泉」なんじゃないかな、と思っています。ぬるぬる、とろとろ、ペトペト、さらさら、パリパリ、キチキチといった不思議な浴感や、鉄のにおいやダシのにおい、土のにおい、草のにおい、硫黄のにおいなどなどの嗅覚で、「うっわ〜〜〜！　こんな温泉があるのか〜！」と個性が手にとるようにわかる状態の温泉を〝いい〟と思っています（なぜ個性が「わかる状態」と「わからない状態」の温泉があるかは後述）。

ただ、〝いい温泉〟は人によって異なるので、一概にいえません。めちゃくちゃ大きい露天風呂でパーンと開放的に自然と対峙しながら浸かる温泉が〝いい〟と思う人もいれば、建築が美しくてうっとりしてしまう趣深い湯屋にこんこんと流れる温泉を

〝いい〟と思う人もいるし、他人と浸かるのは抵抗があるから露天風呂付きの客室でひとり贅沢に浸かる温泉を〝いい〟と思う人もいるのです。それらに優劣はないのですから、あくまで「自分がいいと思ったものがいい」のスタンスで温泉を評価するのが一番です。レストランや物件を選ぶときと同じ感覚です。

私が〝いい〟と判断する原体験には、猪の倉温泉のぬるぬる湯がありました。**なんだこれは！　明らかに違うぞ！　の感動をもう一度味わいたくて、個性的な湯を求めて旅行を続けているともいえます。**みなさんもぜひ、自分にとってビビッとくる〝いい〟温泉を見つけに旅行してみては。→【写真12、13】

[写真 12] 猪の倉温泉の露天風呂。よく手入れされた庭が◎

[写真 13] 取材旅行の事情を説明すると、すごく温かく迎えてくださった

_Tips 34

やっぱり温泉で一番大事なのは「鮮度」

前項で、私にとってのいい温泉＝個性がわかる温泉、と書きました。裏を返せば、個性がわかりにくい温泉もある、といえます。

個性がわかるかどうかの大きな指標に、「鮮度」があります。温泉の鮮度ってなんじゃそりゃ、と思われるかもしれません。でも、世の温泉オタクはよくいうのです、「温泉はナマモノ」と。湧いた瞬間から酸化して、色やにおいが変わり、次第に個性がわかりにくい状態へ向かっていきます（例外もあります）。だから、「湧きたて」が一番いいぞ、と私も考えています。「刺し身は数日寝かせたほうがおいしい」なんていいますが、温泉は湧きたてが至上です（これは私の思想なので、〝正しい〟わけではありません）。

鮮度を示すいくつかの視点について、ご紹介していきます。

- どこから湧いているか
- 湧いたところから湯船までの距離
- 源泉の管理者
- 湧いている量
- 湯船の大きさ
- 湯船に注ぐ温泉の処理方法

ここからはちょっと専門的な話になるので、ご注意ください。

【どこから湧いているか】

温泉は、湯船のすぐ近くで湧いているとは限りません。長いパイプを伝ってきたり、地下深いところからポンプアップされていたりする温泉も数多くあります。だから温泉オタクは、「どこから湧いて、どのように湯船に注がれているのか」をものすごく気にします。
まずは、どこから湧いているか。
温泉の湧く形態は、三種類あります。

・自然湧出　＝　温泉が自然に地上に湧き出している状態
・掘削自噴　＝　ある程度掘ったら湧き出てくる状態
・動力揚湯　＝　ポンプで強制的に汲み上げている状態

人工的に掘削して……となると、湯船に注がれるまで時間を要す（鮮度が落ちる）だけでなく、そもそも自然の形ではない点から、やっぱり「自然湧出」が一番好きです。これは、脱衣所などに飾られている温泉分析書に記されているので、ぜひチェックしてみてください。ちなみに、日本で一番自然湧出の温泉の量が多いのは草津温泉（群馬）です。

余談ですが、深く掘る技術が進化したことにより、世の中に掘削型の温泉が増えました。その理由は、法律で定められた温泉の定義にあります。

①水の温度が二五度以上

②指定された成分が一定量含まれている状態

どちらかを満たしていれば、「温泉」と名乗れるのです。ただし①は、ざっくりいえば「めちゃくちゃ深く掘ったところから湧いた水」であれば、温泉としての定義を満たせられる状態です。なぜなら、地球の中心はマグマなので、掘れば掘るほど地下水も熱くなるから。地中を一〇〇メートル掘るごとに地下水の温度は二〜三度上がるので、一〇〇〇メートル近く掘って湧出した地下水は「温泉」になるのです。主に都心部で見かける温泉施設は、ものすごく地中深く掘ることで「温泉」を手に入れているかもしれません。

【湧いたところから湯船までの距離】

どこから湧いているかがわかったら、次は湯船までどのように運ばれるかが知りたくなります。源泉（湧いているところ）から温泉施設や旅館（湯船）まで、もし距離があれば「引湯」をします。すぐ近くに湧いていたらいいのですが、源泉の位置はさまざま。近くの火山だったり、裏手の田んぼだったり、川底だったり、岩の割れ目だったり。そういった自然のスキマから源泉を引いているのです。引湯の距離が短ければ短いほど鮮度はいいといえますが、ときどき「源泉が熱すぎるので、外気で冷ましながら」長いパイプで引湯をするところもあるので、そういう工夫はものすごく大歓迎です。冷水で温度を下げるより、百倍嬉しいものです。→【写真14】

ちなみに、温泉地によっては、温泉が湧いている場所を観光スポットにしているところも多々あります。別府温泉郷の「地獄（＝温泉が湧いているところ）」が代表的で、ぶくぶくと湧く姿に、自然の力をとくと感じられます。

【写真14】8キロ引湯する過程で温泉がまろやかに

【源泉の管理者】

源泉それぞれには、管理をする人がいます。一番鮮度がいいのは、やはり温泉施設や旅館自体が管理者であること。「自家源泉」と呼ばれる、その施設や旅館が持つ源泉が、そのまま湯船に注がれている状態が最高です。

他には、「分湯」パターンがあります。源泉の管理者が温泉地の旅館組合や自治体になっていて、タンクに温泉を溜めたあと、各施設に温泉を分けるスタイルを指します。例えば、伊香保温泉（群馬）や、城崎温泉（兵庫）など。どうしても自家源泉より鮮度は落ちてしまいますが、掘削しすぎて〝枯れる〟ことを防ぐ、温泉保護の視点から見ると、とても効率的だと思います。

【湧いている量】

温泉は湧いてからさまざまな旅を経て、ようやっと湯船に注がれます。ここで気にしたいのが、温泉の湧いている量であり、湯船に注がれる量。湧出量が多ければ温泉の回転率も上がるので、鮮度のいい状態をキープできているといえます。惜しげもな

くドバドバ湯船に注いでくれていたらサイコーです。↓【写真15】

さらにいうと、湯船がどこから注がれて、どこから排湯されるのかも重要です。注ぎ口と排湯口が遠ければ、新しい温泉がすぐに湯船に入り、古い温泉がきちんと排湯口に流れるので、とても好感度が高いのです。排湯口はだいたい、湯船のフチから直接溢れ出る場合を除けば、湯船の側面・底面にあります。私はフチから直接溢れ出るパターンが一番好きで、その排湯する勢いがいいと「新鮮だなあ」と思います。

【湯船の大きさ】

大きい湯船は魅力的ですが、注がれる量にあわせた大きさでないと、鮮度が保てません。適切な「注がれる量と湯船の大きさ」を書くとなると複雑な計算式になってしまうので割愛しますが、

[写真15] 古遠部温泉の溢れる湯船の横での〝トド寝〟は、温泉ファンの夢

・注ぎ口からドバドバ注がれている
・お客さんの垢や髪の毛が浮いていない（すぐに排湯される）
・端っこの方まで、温泉が回転している感じがする

であれば、問題ないはずです。湯船は大きければ大きいほど気持ちいいですが、鮮度フィルターを通してみると、温泉を今までとは違う見方で考えられるかもしれません。

【湯船に注ぐ温泉の処理方法】

ざっくりいえば、あとは「源泉かけ流し」かどうかです。これはまた長くなるので、次項で解説します。

このようなさまざまな視点から、温泉オタクは「鮮度」をはかっています。かいつまんでしまえば、

・自然湧出で
・すぐ近くで湧いていて
・自家源泉で
・たくさん湯船に注がれていて
・湯船は大きすぎず
・源泉かけ流しの状態

がサイコーの鮮度、といえます。でもそれだけを目指すと、ほとんどの温泉は〝脱落〟するでしょう。先に書いたような「分湯」は温泉保護の視点からいえばすばらしい取り組みですし、掘削して今まで存在しなかった温泉に浸かれるようになったのも本当にいいと思っています。温泉の湧出量が少ないがゆえに源泉かけ流しにできない施設もたくさんあります。そういったさまざまな妥協と苦労も考慮しながら、どんな温泉も楽しむのが一番ではないでしょうか。温泉は定量ではなく、定性評価です。まずは知ることが、何よりも大切だと感じます。

_Tips
34

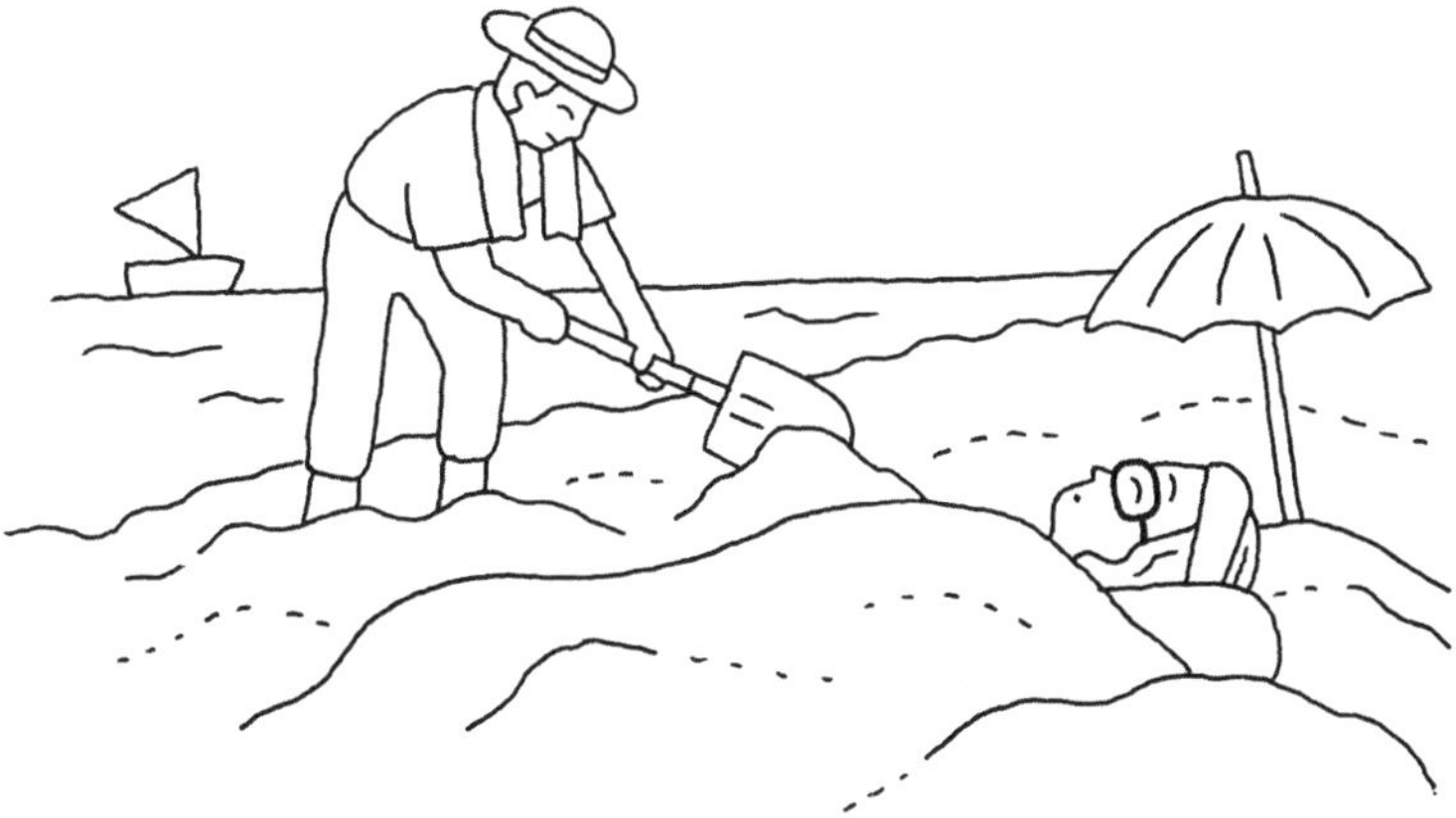

_Tips 35

源泉かけ流しはサイコーだけど、それ以外がだめなわけじゃない

「源泉かけ流し」。温泉好きが集えば、この定義によっておそらく一晩は飲んで話せるほどの、奥深いものです。そもそも源泉かけ流しって、どういう状態を指すか、ご存知ですか。

温泉が湯船に注がれる際、さまざまな加工がなされている場合があります。めちゃくちゃわかりやすく考えるとすれば、これらの加工が一切なされていない状態を「源泉かけ流し」だと認識していいと思います。

温泉の加工には、次のような手段があります。

・加水する（源泉を適温にしたり、湧出量が少ないのを補完したり、成分が濃すぎる源泉を希釈したりするため）
・加温する（冷たい源泉を適温にするため）
・循環する（湯船に注いだ温泉を吸引し、再び湯船に戻すこと）
・循環濾過《ろか》する（湯船から吸引した温泉を、汚れやごみを取り除くために濾過器を通してから再び湯船に戻すこと）

※循環している場合、温泉を清潔に保つため塩素消毒を行うことが多いです。消毒は条例によって定められている場合もあります。

加水・加温・循環・濾過・消毒をしているかどうかは、脱衣所にある温泉分析書に記されています。だから、全てが「なし」と書かれていれば、それはたしかに源泉かけ流し。しかし、一部が「あり」と書かれていた場合は絶対に源泉かけ流しではない、とも言い切れません。ここが厄介なところです。

加水・加温・循環・濾過・消毒のうち、どの加工をどこまで許容するかが、識者や団体によって見解が分かれているのです。なぜなら、この加工が「必要」な場合もあるし、「泉質に差し支えない範囲」な場合もあるから。源泉かけ流しの定義は、実はものすごくあいまいなものなのです。

飯塚玲児氏の『温泉失格』によれば、「加水・加温・循環・濾過・消毒すべてNG」と語る人もいれば、「加水・加温については、許容する場合もある」と語る人もいるし、「加水・加温・循環はNGだが、条例によって定められている点から消毒については問わない」と語る人もいるとか。

だから、「自分的には、どこまでが源泉かけ流しなのか」の指標を持つことで、温泉の良し悪しも考えやすくなると思います。

加工がされていない分、鮮度がよく、個性のよくわかる状態になっているので、私もすごく源泉かけ流しが好きです。というか基本的には、源泉かけ流しだけを目指して温泉旅行をします。やっぱり、ナマの状態を五感で味わいたいですから。においが個性的な温泉であれば、「うおお～すんごいくさい～～（褒めてる）」ってテンションが上がりますし、成分によって変形・変色した湯船や湯口や床に、「めちゃくちゃな温泉パワーだ……！　なんだこれ……！」って感動するんです。源泉かけ流しだからこそ味わえるものなんですよね。だから、源泉かけ流しは、温泉の沼に浸かるための長靴のようなもの。標準装備として、温泉オタクが身につけておきたい経験だと思います。

でも、源泉かけ流し以外がだめとは思いません。特に、希釈のための加水や、源泉を適温にするための加温は、私にとっては「源泉かけ流し」の範囲です。

循環・濾過・消毒している温泉だって、

・温度をいつも適温に保てる
・湯が清潔である
・大きな湯船に常に湯を満たせられる

などのメリットもあります。塩素のにおいをさせないためにさまざまな工夫を凝らしている施設も少なくありません。そういった面を無視して、「循環だから一律だめ！」と考えるのは、ややもったいないように思います。源泉かけ流しにも、循環にも、それぞれによさがあるのです。

源泉かけ流し、加水とか循環とかピンとこない！　な方に、簡単な見分け方を紹介します。

・湯船から温泉が溢れ出ていて
・湯船の側面や底に、パイプや排湯口がなくて
・塩素のにおい（＝プールのようなにおい）がしない

この三点が揃っていれば、大体が源泉かけ流しです。ぜひこの三点を、温泉に浸かったときに確かめてみてください。

_Tips 36 泉質で選ばなくていいけど、ざっくり把握する

温泉は、含まれている成分の種類と量によって、「泉質」が決まります。法律によって定められているもので、何度か改訂もされてきました。二〇二〇年現在は、十種類の泉質があります。

これまでさまざまな角度から「鮮度」や「個性がわかる」温泉について書いてきました。この泉質に関する項を後ろに置いたのは、私にとって「鮮度」や「個性がわかる」ほうが重要だからです。**泉質ももちろん見ますが、それよりも大事なのは、湯船に注がれている温泉の状態。**最も一般的な泉質は「単純泉」というのですが、それひとつとっても、個性的ですばらしい湯もあれば、塩素のにおいがして鮮度がよくなく、ちょっぴり残念な思いをする湯もあります。だから、平たくいってしまえば、**「泉質**

で温泉は選べない」のが、私の考え。それよりもレビューやレポートに書いてある温泉の状態を踏まえて、行くかどうかを判断していくのが間違いないと思います。
とはいえ、泉質がまったく意味をなさないわけではありません。ざっくり特徴を把握するのも大切です。私の独断と偏見による見方も交えて解説していきます。

【単純泉】

成分含有量が一定に達していない温泉で、湯あたりしにくく、最もシンプルな浴感です。とはいえ、入浴剤を入れた自宅のお風呂より基本的には成分は濃いので、「効果が薄い」わけではありません。無味無臭で透明、さらさらした浴感が多く、老若男女だれにでもおすすめできる温泉です。だからか、各地の〝名湯〟といわれる温泉も、この単純泉が多いのです。

◆泉質別適応症（浴用）
自律神経不安定症、不眠症、うつ状態

◆主な温泉地
鬼怒川温泉（栃木）、越後湯沢温泉（新潟）、下呂温泉（岐阜）、

箱根湯本温泉（神奈川）、道後温泉（愛媛）、湯布院温泉（大分）

【塩化物泉】

名前の通り、塩分の濃い温泉です。海の近くに湧いていることの多い温泉で、保温効果が高く、湯冷めせずぽっかぽか。無色透明なものもあれば、ほんのり茶色や緑色に濁っている場合も。

◆泉質別適応症（浴用）

きりきず、末梢循環障害、冷え性、うつ状態、皮膚乾燥症

◆主な温泉地

定山渓温泉（北海道）、秋保温泉（宮城）、和倉温泉（石川）、熱海温泉（静岡）、城崎温泉（兵庫）、皆生温泉（鳥取）、指宿温泉（鹿児島）

【炭酸水素塩泉】

皮膚の角質や毛穴の汚れを取り、表面をなめらかにすることから、「美肌の湯」と呼ばれる泉質です。その分、水分が蒸発して乾燥しやすくなるので、湯上がりの保湿

をしっかり行ったほうがよい泉質でもあります。無色透明なものもあれば、白く淡い色がついたもの、茶褐色のものなど様々。

◆泉質別適応症（浴用）

きりきず、末梢循環障害、冷え性、皮膚乾燥症

◆主な温泉地

東鳴子温泉（宮城）、龍神温泉（和歌山）、湯村温泉（兵庫）、嬉野温泉（佐賀）、妙見温泉（鹿児島）

【硫酸塩泉】

硫酸塩泉の中で、成分含有量によりさらに三種類に分かれるのですが、ざっくり「傷の湯」「脳卒中の湯」といわれ、きりきずや動脈硬化予防によいとされています。また、うるおいや弾力を与える効果が期待されることから美肌の湯ともいわれます。個人的には、特有のダシっぽいにおいがとても好きです（芒硝泉のにおいといわれています。形容しがたいにおい……）。

◆泉質別適応症（浴用）

きりきず、末梢循環障害、冷え性、うつ状態、皮膚乾燥症

◆主な温泉地

浅虫温泉（青森）、法師温泉（群馬）、山代温泉（石川）、玉造温泉（島根）

【硫黄泉】

成分含有量により「硫黄型」と「硫化水素型」に分かれます。よくたまごの腐ったようなにおいと評されるのは、硫黄そのものではなく硫化水素ガスのこと。山に湧く温泉が多く、無色透明から乳白色、緑色までさまざま。あのにおいを嗅ぐと、「温泉に来た〜！」という感じがします。

◆泉質別適応症（浴用）

耐糖能異常（糖尿病）、高コレステロール血症

◆主な温泉地

登別温泉（北海道）、高湯温泉（福島）、万座温泉（群馬）、塩原温泉（栃木）、月岡温泉（新潟）、野沢温泉（長野）、白骨温泉（長野）、霧島温泉（鹿児島）

【酸性泉】

名前の通り、酸の強い温泉のこと。殺菌力が高く、皮膚疾患によいとされています。刺激が強いため、肌の弱い人はシャワーなどで洗い流したほうがよいでしょう。ぴりりとくる浴感は酸性泉ならでは。実際に酸っぱいにおいもします。

◆泉質別適応症（浴用）

アトピー性皮膚炎、尋常性乾癬、耐糖能異常（糖尿病）、表皮化膿症

◆主な温泉地

酸ヶ湯温泉（青森）、玉川温泉（秋田）、蔵王温泉（山形）、岳温泉（福島）、草津温泉（群馬）、明礬温泉（大分）

【二酸化炭素泉】

名前の通り、二酸化炭素を含む温泉です。入浴すると、アワがびっしり肌にまとわりつきます。温度が高いとアワがつきにくくなってしまうので、ぬる湯が多いです。心臓に負担をかけず血のめぐりがよくなることから、「心臓の湯」と呼ばれています。

◆泉質別適応症（浴用）

きりきず、末梢循環障害、冷え性、自律神経不安定症

◆**主な温泉地**

有馬温泉の銀泉（兵庫）、長湯温泉（大分）

【含鉄泉】

鉄分を含むため、においも鉄くさいです。空気に触れると酸化して茶褐色になります。「婦人の湯」と呼ばれており、貧血や月経障害など、女性に関係の深い症状に効果が期待できるとされています。

◆**泉質別適応症（飲用）**

鉄欠乏性貧血

◆**主な温泉地**

長良川温泉（岐阜）、有馬温泉の金泉（兵庫）、塚原温泉（大分）

【放射能泉】

放射性物質「ラドン」を含む温泉です。放射能というとドキッとしますが、微量で

あれば免疫力向上が期待できるといわれています（ホルミシス効果）。無色透明でほとんどにおいもないため、温泉そのものの個性を汲み取りにくい泉質ではあります。数日かけてじっくり浸かるのがよさそうです。

◆泉質別適応症（浴用）

高尿酸血症（痛風）、関節リウマチ、強直性脊椎炎など

◆主な温泉地

栃尾又温泉（新潟）、増富温泉（山梨）、三朝温泉（鳥取）

【含よう素泉】

二〇一四年の改訂で追加された、新しい泉質です。うがい薬などに使われている（例：ヨードチンキ）よう素を多く含んだ温泉で、薬のようなにおいがします。黄〜茶褐色の色をしています。

◆泉質別適応症（浴用）

なし

◆主な温泉地

大手町温泉（東京）

泉質は、温泉分析書に書かれています。びしっと「単純泉」「硫黄泉」と書かれている場合もありますが、

・ナトリウム・カルシウム―炭酸水素塩・塩化物泉

・酸性・含硫黄―カルシウム―塩化物泉

などと複雑なものも。だいたいこうやってたくさん成分が書かれているのは、「めちゃくちゃ濃い」と思ってもらえたら大丈夫です。いずれにせよ、自宅のお風呂よりはるかにさまざまな成分を含んでいるので、湯あたりに気をつけて、水分と休憩を忘れずに浸かるのがおすすめです。

_Tips 37 ずらりと書かれている〝効果〟は信じていい

脱衣所でふと壁に掛けてあるパネルを見上げると、滔々《とうとう》と温泉の効果について書かれていることが多々あります。私が温泉オタクになる前は、「いろいろ書いているけれど、本当に効果あるのかな？」と半信半疑でした。

しかしまあ、この〝効果〟、信じていいものなのです。実は、科学的見地によって環境省が定めているもの。ほとんど「施設が勝手に」書いているわけではありません（ほとんど、と書いているのは、古くからその地域でいい伝えられている効果もあり、それを掲げている可能性があるためです）。

温泉の効果は、「効能」とは呼びません。「適応症」といわれていて、先述の通り、それぞれの泉質にあわせて効果が定められています。知っておいてもらいたいのは、

「泉質ごと」だけでなく、「すべての泉質に当てはまる」適応症があるということ。

一般的適応症と呼ばれるそれは、このように定められています。

筋肉若しくは関節の慢性的な痛み又はこわばり（関節リウマチ、変形性関節症、腰痛症、神経痛、五十肩、打撲、捻挫などの慢性期）、運動麻痺における筋肉のこわばり、冷え性、末梢循環障害、胃腸機能の低下（胃がもたれる、腸にガスがたまるなど）、軽症高血圧、耐糖能異常（糖尿病）、軽い高コレステロール血症、軽い喘息又は肺気腫、痔の痛み、自律神経不安定症、ストレスによる諸症状（睡眠障害、うつ状態など）、病後回復期、疲労回復、健康増進（日本温泉協会ホームページより）

泉質がついている温泉であれば、この効果がデフォルトで備わっているのです。まさかこんなに効果があるとは、にわかに信じがたいじゃないですか。すごいぜ温泉……！　と思いたくなります。

ただし、「入浴そのもので得られる効果」も含まれています。つまり、自宅のお風呂に浸かっても、関節の痛みや冷え性の改善などが期待されるということ。そういわれると確かに、お風呂に浸かるだけで温まるし元気になるなあ……って思いますよね。温泉の成分も大事でおもしろいのですが、まずはお風呂に浸かる習慣を身につけるのが健康への第一歩かもしれません。→［写真16、17］

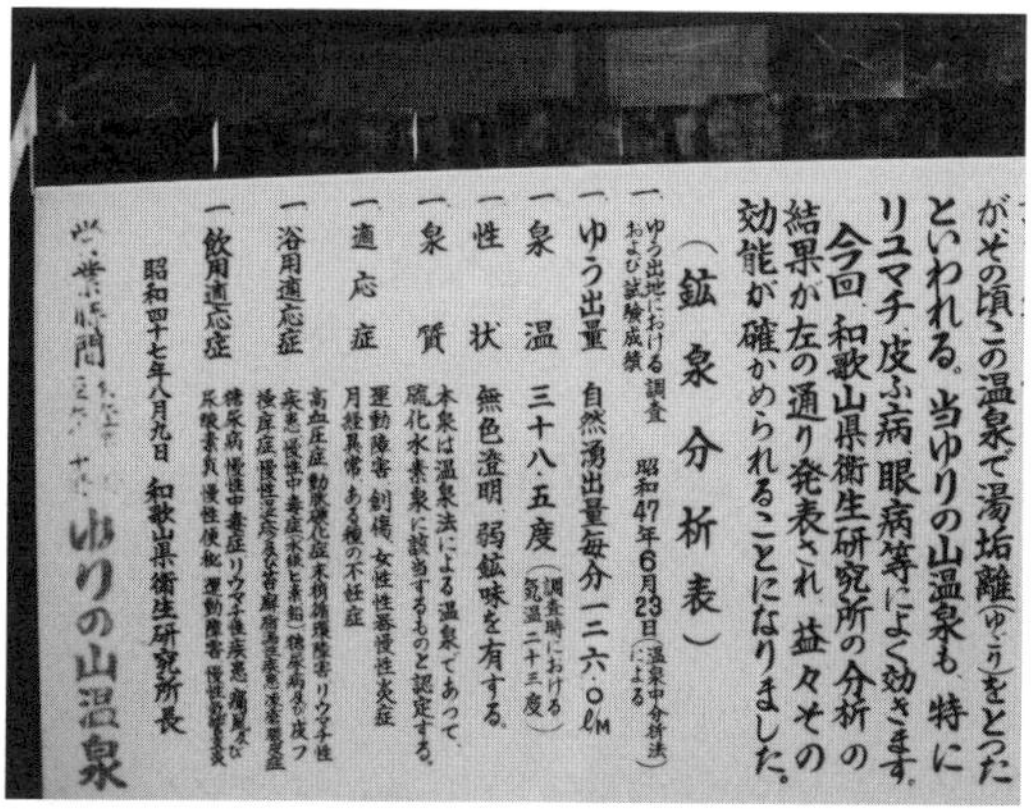

［写真16］ゆりの山温泉（和歌山）。力強い分析表の文字に惚れる

［写真17］岩下温泉旅館（山梨）。古い分析表を残しているところが好き

_Tips 38

女ひとり客、混浴との向き合い方

歴史ある温泉旅館や野天風呂には、混浴が残っていることも少なくありません。雑誌やテレビに取り上げられるような、趣があって美しい湯屋は実は混浴で、女性客は誰もいない……なんてこともしばしば。私も何度も、混浴に泣かされてきました。あの、写真で見た湯船に浸かりたかったのに、申し訳程度に作られた女湯で満足しなくちゃいけないなんて……と。混浴、気にせずに入ればいいんですが、私自身はどうも苦手なんです。見られるのがどうこうもありますが、とにかく落ち着かない。見えてる？　見えてない？　見られてる？　見られてない？　の連続で、ちっとも満喫できません。バスタオルを巻いて浸かるのがＯＫでも、ゆっくりできません。だから、どんなに素敵な温泉でも、混浴であれば行くのは諦めてしまいました。「ワニ」と呼ばれる、混浴で異性を待つ人たちも怖いですし。女ひとり客は、誰にも相談できず、守られもしないので、自衛を最優先に動くのが一番だと考えています。

「女性客にもいい湯船でゆっくり過ごす機会を」と、女性専用時間を設ける宿もあります。ほとんどが宿泊客向けの夜か朝なので、どうしても浸かりたい混浴湯船であれば泊まることをおすすめします。たった二時間だけ女性専用といわれましても……と、ちょっと悲しい気持ちになってしまいますが。

ぱっきりきっかりと「混浴」ではなく、男性時間と女性時間を分けている宿が、一番好感を持てます。**混浴はどちらもＯＫではなくほぼ男性時間であること、もうちょっと広まってくれればいいのですが。**

「誰もあなたの体を見ていない、気にしなければいい」も一理ある気がするものの、男湯・女湯に分けられている現状に則すのが一番受け入れられるんじゃないかな、と思うのです。

_Tips
39
「白くて濁った湯」以外も愛そう

白く濁った温泉は、見た目もにおいも「温泉っぽさ」がピカイチで、とっても人気です。過去には白く濁らせるために、入浴剤を投入してしまった温泉地もあるほど。**でも、濁っていなくてもいい温泉はたくさんありますし、色は一概に「効果」や「成分の濃さ」を測るものではありません。**

とはいえ、テンションが上がるのは私も同じ。温泉来た～って感じがするんですよね。硫黄のにおいがガンガンして、よく温まって、風情があって、なんだか体中をほぐしてくれる気がするような。白く濁った温泉は、特別感があります。

でも、せっかく本書を手に取っていただいたのなら、白濁以外もぜひ推してもらいたいです。茶褐色、深緑色、灰色などなど、温泉の色はバラエティ豊か。Tips24でも色湯について言及していますが、ここでは「黒い温泉」にフォーカスして書いていきます。白もいいけど、黒もサイコーです。

黒い温泉はだいたい「モール泉」で、地中の植物成分が染み出た、つるつるした肌触りの、やわらかく心地よい浴感が特徴です。草っぽい、土っぽいにおいがすることも。色は真っ黒からウーロン茶ほどのあっさりしたものまで様々です。美肌の湯として知られていて、体がずぶりと黒い湯に浸かって見えなくなるのは、何度やってもちょっと不思議な感覚です。

モール泉は各地で見られますが、「温泉地」として栄えているのは北海道・十勝川温泉が一番の有名どころ。さっぱり軽やかなモール泉をいただいた後に、帯広の豚丼をかきこんで……と、爽快感のある旅行がかないます。ちなみに、東

［写真18］東北温泉の露天風呂。黒湯で体が見えなくなる体験をぜひ

京・蒲田などに湧いている温泉も、このモール泉です。

余談ですが、日本で一番黒いモール泉は、青森県の下北半島の根っこにある「東北温泉」です。湯底がまったく見えない、真っ黒な色湯は迫力満点。つるつるすべすべなモール泉がドバドバとかけ流されていました。地元の温泉銭湯といった雰囲気ですが、県外ナンバーや外国人観光客も見られる人気のスポットです。→【写真18】

色湯は見た目から楽しめるすばらしい温泉です。温泉旅行ビギナーは、まず色湯を目指して旅行するとテンション上がること間違いなし。

5

推し温泉地で
スーパー充実して
過ごす

Tips 40

「イマイチな温泉だったな」は計画と工夫で避けられる

ひとり旅で、とある人気温泉地に行ったとき。夕食を済ませ、二十一時ごろにお目当ての外湯へ向かいました。雨の降る平日でしたが、地元グルメが旬な時期。街はファミリー・カップル・外国人観光客などで大にぎわい。街の真ん中にある外湯も、浴衣を着た客でいっぱいでした。あちゃー、混んでるだろうなあ、と思いながら湯場へ向かうと、泣いたりはしゃいだりするお子様がたくさんおり、お客さん同士も楽しそうにお喋りをしていて、やっぱり落ち着かず、すぐに出てしまった……なんてことがありました。

人気温泉地×旬な食べ物がある時期×夕食直後の時間のフルコンボにより、こういった悲劇はよくよく生まれます。「イマイチな温泉だったな」と思わずこぼれてしまう感想は、温泉自体がイマイチだったのではなく、現地での体験が微妙だっただけのこと。振り返れば「悲劇を避けられたかも」と思う点はいくつもあります。これまで書いてきた通り、温泉地での過ごし方、旅館の種類、温泉の嗜好など、さまざまな要素が掛け合わさって満足度は算出されるもの。いずれかが自分にとってイマイチだった、という可能性も否定できません。

先の例でいえば、人気温泉地の外湯はいつ・どう工夫して行っても、それなりに混んでいるもの。であれば、**せめて「グルメが旬な時期（＝温泉地の繁忙期）を外す」「二十二時以降など、大人がゆっくり訪れそうなタイミングを狙う」はできたはず。**さらに挙げるとすれば、「外湯はいくつも種類があるから、わざわざ中心地の観光客向けのところへ行かなくてもよかったかも」とも思います。そもそも、ひとり旅では人気温泉地は訪れず、友人や家族と行くタイミングを待つ手もあります。だいたいの悲劇は、自分の好みをベースに計画立てた旅程と、「現地でのちょっとした工夫」で避けられるのです。

5章では、そんな計画と工夫に焦点を当てていきます。

「雑誌で見た大きくて開放的な露天風呂、実際に行ってみたらそうでもなかった」「ひとりで旅館の夕食を食べるとき、食事処が広くてにぎわっていて、ひとりのさびしさを感じてしまった」「初めてのひとり温泉旅行、いつもより宿泊代を弾んだけど、グレードアップした感じがしない」。どうしても生まれてしまう、温泉旅行への期待と現実の差。大丈夫です、後述する方法でばっちり避けられます。

_Tips 40

_Tips

41

「せっかくだから」の呪縛から解放されよう

以前、知人たちと長野県へ一泊二日の旅行をしたときのこと。善光寺観光をして、小布施《おぶせ》（栗の名産地）で栗スイーツを食べて、湖畔のペンションで一泊して、ショッピングして、おいしい信州そばのお店まで足を伸ばす……と移動も目的も盛りだくさんな旅行をして、結局お目当てだった日帰り入浴に浸かれなかったことがありました。そのときは温泉がメインの旅行ではなかったのですが、「長野に来たのに温泉浸かれなかったね」と帰り道に後悔したことを覚えています。そのときはグループ旅行だったのでとても楽しく過ごせたのですが、もしもこれがひとり旅だったら……と思うとゾッとします。

一泊二日旅行は、とにかく時間配分が肝。月曜日から金曜日まで仕事して、土日を使って行く温泉旅行であればなおさらです。**月曜日に旅行疲れが出てしまうようであれば、その旅程は〝欲張りすぎ〟だったかもしれません。** 友達や家族との旅行であれば、疲れが出ても「楽しかったね」と分かち合えますが、ひとりなのに疲れてしまうような旅程を組むと、「あれ……？　なんのために行ったんだっけ？」と、なんだか悲しい結末になってしまいます。ただでさえ慣れない土地に行き、何時間か電車や車で往復し、体に馴染んでいない布団で眠るのですから、一泊二日で「くつろぎ切る」のはそう簡単ではありません。

よっぽど行きたいところでない限り、「せっかくだから」と一泊二日の限られた時間の中で旅程を詰め込むのは、体力の浪費、時間の無駄かもしれません。 特にひとり温泉旅行のときは、なるべく観光を諦めて、目的を絞ることをおすすめします。すごく興味あるわけじゃないけどせっかくだから行っとくか、みたいな気持ちでひとり行く観光、心にあまり残らないんですよね。「行ってきた」体験だけを得て、Ｔｗｉｔｔｅｒに書くぐらいしかやることないんですよ……。

私が土日にサクッとひとり温泉をするときは、とにかくだらだらした旅程を組みます。前述したアクティブ長野旅行の面影は一切ありません。

まず、朝。起床時間はいつもより遅め。九〜十時ぐらいにもそりと起きます。身支度を整え、充電器と着替えを持ち、十一時には家を出られるといいな、ぐらい。レンタカーや電車で温泉地に向かいます。

温泉地への到着時間は十四〜十五時ごろが目標。ランチは電車なら駅弁、レンタカーならサービスエリアで済ませます。もしくは、食べたいものがあれば、現地でランチタイムぎりぎりにレストランに駆け込みます。車を運転しない旅行であれば、移動中からビールを開けます。

食事を済ませたら、十五〜十六時ごろにチェックイン。まずは荷物を置いて、客室でビールやら日本酒やらを開けてだらだらします。いますぐ温泉に浸かりたいけれど、いまはチェックインしたてのお客さんで混んでいるだろうと思い、ワンテンポ置きます。夕食時が近づいてきたころに浴衣に着替え、いよいよ温泉へ。遅めに設定してもらった夕食時間のギリギリまで体を湯に沈めます。極楽。

そうして夕食をいただき、また客室でだらだら（ドラマを見たりゲームをしたり）

して、消灯するころに二度目の温泉へ。静かになった温泉にひたひた浸かり、サイコーの気持ちに。そうして二十四時ごろに寝ます。温泉旅行だと早寝早起きになりがちですが、私は日頃のペースをなるべく崩さないようにしています。

朝食タイムまでにはがんばって目を覚まし、もう一度温泉に浸かり、十時ごろにチェックアウト。温泉地を散策したり、周辺を観光したり、日帰り入浴したりするならこのタイミングで。昼過ぎには帰り支度を始めます。

帰宅は十六〜十七時を目標に動きます。日が暮れる前に帰れると、日曜日の夜をゆっくり過ごせるので、月曜日がだいぶ楽です。文字通り「旅館行って温泉浸かってきただけ」ですが、一泊二日のひとり温泉旅行であれば、そのぐらいの予定量で十分だと思います。

こんな気の抜けた一泊二日の温泉旅行をする際は、宿泊代にお金をかけることをおすすめします。ひとりでの宿泊は、基本的にはあまり歓迎されるものではありません。特に土日であれば、お断りしている旅館も多いでしょう。そんな中でのひとり宿泊、一般的なサービス単価より高くついている可能性があります。なんとなくの肌感ですが、友達や家族と泊まるより、二〇〜三〇％ほど料金差が出るものと考えています（例えば、ひとり宿泊が一泊一万二千〜三千円だった場合、サービス内容は一万円程度のもの）。だから、観光にかけるお金を宿泊にまわすことで、満足度・納得度はようやく釣り合ってくるのです。

もちろん、行きたい観光スポットがあればぜひ行きましょう。肝心なのは、「一泊二日のひとり温泉旅行、気づいたら疲れただけ」にならないようにすること。大人の休日は何よりも尊いものです。「せっかくだから」なんて、自分に気を遣う必要はないのです。→【写真19】

【写真19】ふかふかの布団で寝て、障子から差す朝日で目覚める幸せだけでいい

_Tips 42 ひとり客にも推せる人気温泉地

私の初めてのひとり温泉は、大学一年生のころに訪れた熱海温泉（静岡）でした。大学生ならではの焦りを抱え、十八歳には目新しい「自由に使えるお金と時間」をもてあまし、平日にふらりと訪れた温泉地。当時は温泉が好きとか、この湯がどうとか考える由もなく、ただ目についた温泉施設に体を沈め、海辺をカメラ片手に散歩しただけでした。十年近く前の熱海は、今よりも落ち着いていて、居心地がすこぶるよかったのを覚えています。

熱海は近年、大きな商業施設やおしゃれなカフェ、気の利いた日帰り温泉施設が増え、ものすごーく人気になりました。もともと全国の人気温泉地ランキングでは上位でしたが、もはやいつ行っても賑わっている状況です。そもそも、「人気温泉地」のほとんどは、都市に近く、観光とアクセスが充実しているがゆえに、「行ったことがあるから、一票入れる」といった感じで選出されている気がします（個人の感想です）。箱根がずっと一位なのも、きっと「行ったことがある」の母数が多いからじゃないかなー、なんて。

私が今、ひとり温泉の行き先を選ぶとしたら、おそらく熱海は選ばないでしょう。熱海は大好きな温泉地ですが、どこもかしこもにぎやかで、ひとりで訪れたら、なんだか居心地が悪そうな気がします。例えば、ランチに入ったお店や、ふと立ち寄った日帰り入浴。どこもかしこも「遊びに来た！」な雰囲気のお客さんばかりだから、静かに温泉浸かることはかないません。「遊びに来た！」な雰囲気が悪いのではなく、ひとり温泉客とは具合がずいぶん違うのです。

だから、熱海や箱根に行くときは、たいてい誰かを誘っています。温泉に馴染みの薄い家族や友達を誘いやすい文句は、やっぱり「アクセス」「観光」であり、湯の質ではないんですよね。行きやすくて、こんな遊び方もできて、ちなみに温泉浸かるんだったら私はここがおすすめかなー、といった口説き方をしちゃいます。人気温泉地は、誰かと行きやすいから、わざわざひとりで行く必要がない、というか。「ひとりでカラオケ来たのに、みんな知っててみんなで盛り上がる曲を歌っている」イメージなんです。

とはいえ、人気観光地はお客さんの扱いにずいぶん慣れています。ひとりで食事をしていても、ひとりで散歩していても、ひとりで温泉浸かっていても、まったく珍しがられませんし、頓着もしません。そういう意味では、ビギナー向きともいえます。

全国の人気温泉地ランキングに入る、「箱根」「熱海」「道後」「別府」「有馬」といった有名どころの中で、ひとり温泉ビギナーにおすすめできるのは、別府温泉郷（大分）。なぜなら、別府の温泉地はかなり〝暮らし〟に近しい雰囲気で、地元の人が浸かるような温泉銭湯がたくさんあるから。地元民にまぎれて温泉に浸かったり、食事をしたり、〝観光〟な浮ついた空気をそこまで感じることなく過ごせそうです。別府には留学生をたくさん受け入れている大学もあり、なんとも大らかな雰囲気が街を包んでいます。最近流行りの「暮らすように旅する」といった、生活感のある旅行が待っています。

ひとり訪れたときも、友達と訪れたときも、家族と訪れたときも、別府はいつも最高でした。街のシンボル的な竹瓦温泉はいつ行ってもシビれる面構えで、「友永パン」のクリームパンや、「湖月」の餃子は、一生忘れられない絶品。ひとり客にも〝推せる〟人気温泉地は、そうそうありません。→[写真20、21]

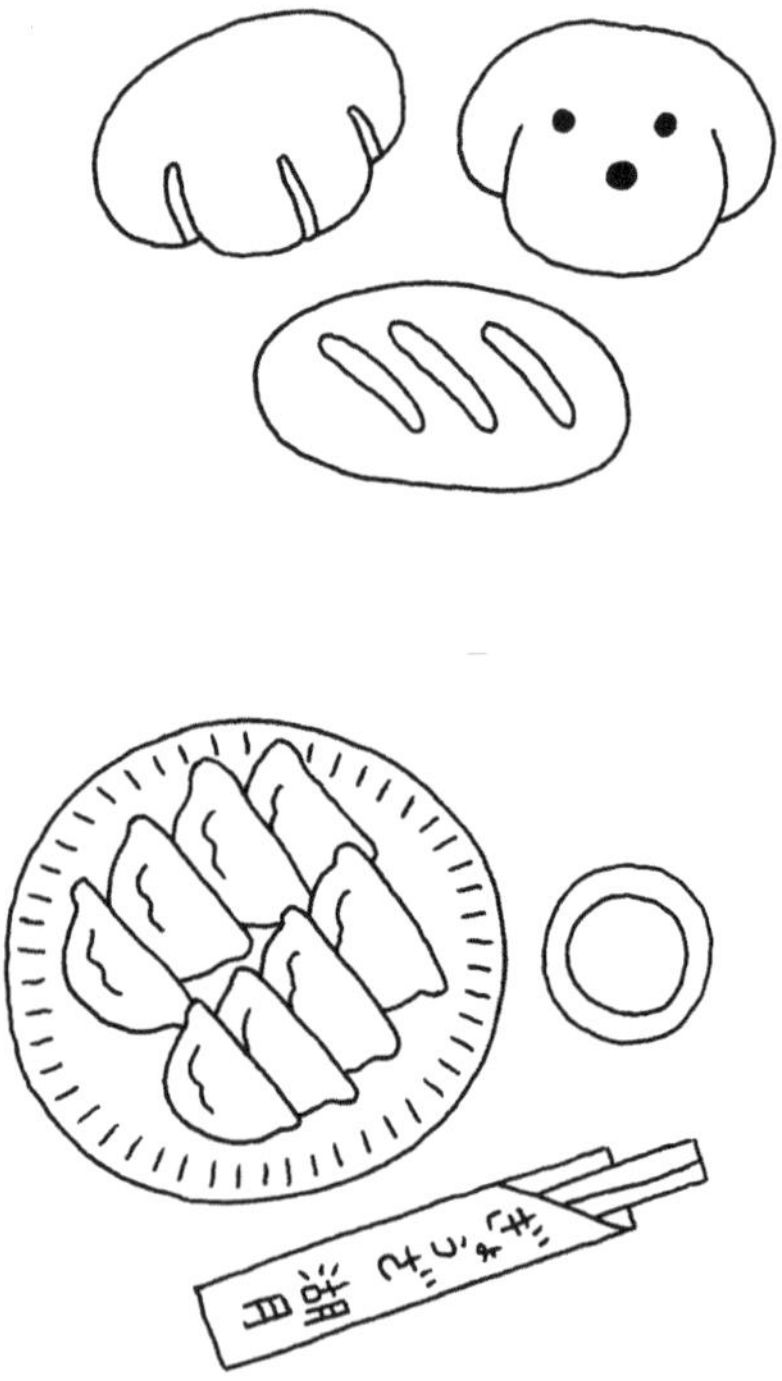

[写真20] 別府全景。湯気に包まれた、“暮らし” と “旅行” が共存する街

[写真21] 別府は繁華街でもあり、地元民で賑わう飲み屋も充実

_Tips

43

箱根・熱海を ひとりで遊ぶとしたら

ひとり客には不向きな面があるとはいいながらも、東京からほど近い箱根・熱海が気になる人も多いはず。以前、同世代の女友達と箱根へ日帰り旅行しに行ったときも、彼女たちは「実は来たことがなかった」「何があるのかよくわからない」といっていたので、なるほど確かに、温泉をたしなみたい女にとって、箱根と熱海はわかりやすいファーストステップになるよなあ……と思ったのでした。

何年か前にひとりで箱根を訪れたときは、日帰り入浴施設「秀明館」目当てで行きました。温泉評論家が雑誌で「秀明館に行くと、『箱根にもこんなにすばらしい湯があるのか』と驚く」「箱根で一番いい湯だと思うのは秀明館」とコメントされているのを見て向かったのでした。箱根の奥にあるのですが、一応近くにバスも通るので、公共交通機関でも行けるのが◎。一度目は改装中で入れず、二度目の正直でようやっと浸かれました。営業時間のほとんどは部屋貸しプランだけであるため、オープンと同時に部屋が埋まってしまうことも。館内は手入れの行き届いた趣ある旅館風情。湯場ではシャンプー・石鹸などは使えず、体を流して浸かるだけ。湯船の目の前にはしめ縄の飾られた巨岩があり、厳かな雰囲気です。湯船の底から湧いてきた湯にそのまま浸かれる〝足元湧出〟の温泉で、新鮮そのもの。箱根にもこんな温泉、あったんだ！　サイコー！　と、大興奮でした（箱根はモダンな温泉が多く、景観やデザインが重視されがちなので、湯の新鮮さが際立っているところは少ないのです）。

箱根の定番な遊び方といえば、美術館巡り、芦ノ湖湖畔で紅茶とケーキをいただいて遊覧船に乗る、「小《こ》涌園《わきえん》ユネッサン」で一日遊ぶ、ロープウェイに乗って大涌谷で記念撮影して温泉卵を食べる……などがあり、どれをとっても思い出に残る楽しい旅行になると思います。**ただいつ行ってもにぎわっているため、ひとり温泉旅であれば、前述したような「この湯に浸かりたい」「この宿に泊まりたい」といったシンプルな**

目的だけで十分かも。贅沢な宿もたくさんあるので、思いっきり自分を甘やかす際に訪れてみてください。

熱海こそ、海辺を散歩するだけでも楽しいですし、BARめぐり、花観賞（梅や桜）、花火大会、秘宝館に熱海城に神社など、過ごし方は無限大。ひとり温泉旅も充実したものになると思います。が、やっぱりいつもにぎわっている温泉地なので、**ひとりで訪れるなら平日やオフシーズン（お祭りや海水浴のシーズンを外す）がおすすめ。**箱根と比べると、熱海のほうが塩が濃くてガツンとくる湯が多いので、温泉自体の個性を感じやすいですよ。

ちなみに「箱根と熱海、どっちへ行けば？」と悩んだときは、**車で行くなら箱根、電車／バスで行くなら熱海**……だと思っています。だって、箱根はめちゃくちゃ広いから。登山鉄道や路線バスは充実しているものの、「あそこに行きたい」「ここもチラ見したい」といった小回りがやや利きにくいです。熱海は徒歩でもめぐれるコンパクトさが魅力なので、新幹線や東海道本線でヒューンと行っちゃうだけでOKです。

熱海より二駅奥の伊豆多賀駅が最寄りになるのですが、「妙楽《みようらく》湯」という日帰り入浴施設はめちゃくちゃ最高なので、足を伸ばせたらぜひ、です。熱海らしい「オーシャンビュー絶景露天」的な温泉ではないのですが、ここにある酵素風呂が本当に気持ちいいです。ふかふかのおが粉（米ぬかとヒノキを混ぜたもの）に体をうずめてもらい、十五分ほど蒸されると、全身汗びっしょりに。→[写真22]

その後、さっぱりした温泉で体を流します。湯上がりには自家製のオレンジジュースを……もう、たまらんです。

箱根と熱海で「自分のお気に入り」を見つけておくと、土日でサッとひとり温泉へ出かけられるのがいいところ。定番どころは誰かと行くときに楽しめればいいのです。

[写真22] 妙楽湯の酵素風呂。この後で汗を流すのはもちろん熱海に湧く温泉！

_Tips 44

「温泉とグルメ」どちらも一〇〇%満足させる

二〇二〇年一月、とあるグルメ媒体のインタビューを受けました。テーマは「温泉とグルメ」。温泉地ならではの食や、印象的だった旅館の食事について話しました。ただ、最初にこのご依頼をいただいたときの感想は、「温泉とグルメ、どちらも満足した旅行ってほとんどないかも……」でした。

温泉雑誌でよく〝名湯〟といわれる温泉は、ざっくりだいたい、山奥や辺鄙な土地にあります。「いい温泉というだけでお客さんがやってくる」からなのか、食事が抜群においしいところって、あまりなかったような。そもそも人手不足だったり、場所柄、新鮮な食材やおいしい料理がつくれるシェフを雇用できなかったり、なんてこともあるでしょう。私としては「こんな山奥でいい温泉を守ってくれているだけで大満足です」と目を瞑《つぶ》れるものの、食事はそんなに……な場合は、人にすすめにくくなるデメリットも。温泉だけでは、コアなファン以外は行きにくいのが現状だと思います。

大好きな温泉が湧く山奥の旅館で、冷めた煮物やべちゃべちゃな天ぷら、冷凍のまぐろの刺し身、ほんのわずか肉が入った鍋などを食べると、なんとも悲しい気持ちになります。ウオーッ、温泉は最高なのにヨォ！　って泣きたいです。でも、こんなところで湯守してくださっているのだから何も文句はいうまい、ってなっちゃう。しかしこんな満足度じゃあ、ずっとは経営を続けられないのではないか、と心配になります。何かいい手立てはないものか（場所も辺鄙すぎて、周囲のレストランで食事を済ませられない）。

その点やっぱり、海辺の温泉地はとにかくおいしいです。熱海をはじめとする伊豆は金目鯛が最高だし、城崎のカニ、別府の関あじ・関サバ、白浜のかつお・クエ……強い。圧倒的な強さ。山菜・キノコもおいしいですが、やはり海が近いと夕食が華やかです。

温泉を使ったグルメを目的にする手もあります。私が好きなのは、**源泉温度が高い温泉地でしか味わえない「地獄蒸し」。**温泉の湯気で食材を蒸したシンプルな料理で、別府・鉄輪温泉や、長崎・小浜温泉で食べられます。**→【写真23】**

長野・野沢温泉では、温泉で野菜をゆでることができます。野沢菜をゆでていたおばあちゃんに「食べる？」といただいた一口がとにかくめちゃくちゃおいしかった。シャッキシャキでじゅわじゅわ。訪れた際にはぜひ、近くで野菜を買って試してみてほしいです。和歌山・湯の峰温泉や兵庫・湯村温泉では、自分で温泉卵をゆでて、その場で食べられます。楽しいしおいしい。熱い温泉が湧くところだけで出会える絶品です。その他、宿によっては「温泉水で炊いたお米」を出すところもあれば、街中のパン屋で「温泉水で焼いたパン」を売っているところも。温泉地ならではのグルメを目的にしてもいいかもしれません。

山奥のすばらしい温泉を持つ宿で、目新しい地産品を使わずともおいしい夕食がいただけたところ、もちろんあります。心に残っているのは、青森・蔦温泉。一泊一万円台で泊まれるにもかかわらず、どの料理も丁寧に作られていて、最初から最後までおいしい。彩りや盛り付けもすばらしく、大好きな旅館になりました。旅館のゴハンのおいしい／そうでもないの見分け方は、やはりクチコミで情報収集するのが一番近道だと思います。総合評価だけでなく、料理の★の数も確認し、なるべく一年以内の投稿を参考にしたいところ。あと、公式サイトに「料理」の紹介ページがない旅館は、気をつけたほうがいいかもしれません。

[写真 23] 地獄蒸しでいただく地元野菜や地産のお肉は絶品

_Tips

45 ビジホ×温泉銭湯という選択肢

少し前に旅行エッセイの寄稿をした際、編集部の方から「温泉旅館って敷居が高い感じがするんですよね」といわれたことがあります。詳しく聞くと、あまり何度も行ったことがないから、ルールや振る舞い方がわからない、とのこと。ビジネスホテルのほうがよっぽど気楽です、と仰っていました。

ビジネスホテルが気楽な気持ち、痛いほどわかります。私も旅館の独特な距離感、ちょっとウッてなりますから。何年か前に、別府でビジネスホテルに泊まり、レンタカーで湯めぐりをしたときは、ものすごく快適でした。別府の街は夜が長いので、「何時までにチェックインしなきゃいけない」とか「何時には戻らないと玄関が閉まってしまう」とか、細々と気にせず過ごしたいんですよね。別府は温泉街でもあるし、地方都市でもあります。そういうところへ行くときは、旅館以外の選択肢も持てるよなあ、と思っています。

似たような土地で、山梨県・甲府をよくおすすめしています。別府よりもはるかに「地方都市」寄りです。街中には新鮮な黒い温泉が注がれる銭湯が点在していて、温泉オタク的にもサイコー！　なのですが、いかんせん温泉街といった風情ではありません。**駅前のビジネスホテルを予約して、レンタサイクルして、温泉銭湯浸かって、夜は甲府の街で地元のビールやワインに舌鼓、ほうとうで体を温めて……なんて、すばらしいじゃないですか。**すばらしいんですよ。甲府は新宿駅から特急電車で一時間半ほどなので、サクッと行ける距離なのも◎。もし旅館に泊まりたいなら、石和温泉（特急で一駅）に宿を予約するもヨシです。

さらに似たような温泉地で、愛媛県の道後温泉があります。四国随一ともいわれる温泉地ですが、訪れてみればかなりコンパクト。そして、四国最大の歓楽街・松山から路面電車でわずか二十分程度です。道後の宿もいいですが、個人的には**道後で日帰**

[写真 24] 松山のアーケード街。路地に入ると飲み屋がいっぱい

[写真 25] 道後温泉のシンボル。近年はアートイベントにも注力している

り入浴×松山の街中のビジネスホテル×夕食は松山でおいしい鯛めし、が超充実した旅行になると思っています。**→【写真24、25】**

身の上話の余談ですが、二十歳のころに地方での暮らしに憧れて、松山に数カ月だけ移住したことがあります。大きいアーケード街からちょっと路地に入ったところのバーで修業をしていました（別に、将来バーテンダーをやりたかったわけでもないのに……！）。酔っ払ってコケて骨折して、カクテルが作れなくなって、ひたすらお客さんとトークするだけのアルバイトになったの、今思い出しても恥ずかしい。でも、仕事がない日曜日に自転車を走らせて、わざわざ道後の温泉まで行っていたの、涙が出るほど気持ちよかったです。特徴的な湯というわけではないのですが、どうも道後はまた行きたくなって仕方がありません。

_Tips

46

お気に入りのワンピースとフラットパンプスで行こう

ひとりでどこかへ出かけるとき、あなたは「一軍を着る」派ですか、「二軍を着る」派ですか。誰に会う予定もなく、買い物や用事を済ませるだけであれば、二軍で済ませてしまう人も少なくないでしょう。かくいう私も、ひとり旅行は長らく「二軍」派でした。なんなら旅先で捨ててきてしまおうか、ぐらいの。何年も前に買ったスカートや、ポケポケと毛玉のついたニットなどをこさえて、誰にも見つからないように（誰にも見られていないのですが）ひっそりと過ごしていました。しかしここ最近、一軍を着てひとりで温泉旅行したら、なんだやっぱりめちゃくちゃテンション上がるじゃん、と思い直したのです。至極当たり前ですね。お気に入りを着て、自分を高めていくの、ものすごーく大事だな、と気づきました。

_Tips

46

お気に入りのワンピースとフラットパンプス。なんだか京都のひとり歩き本に書いてありそうなふたつですが、温泉旅行にもぜひ連れていってあげてください。

温泉は「脱ぐ・着る」がいつもより多く発生します。ほんのり汗ばんだお風呂上がりの状態で通気性の悪いパンツを穿《は》くのは宇宙一めんどくさいこと。特にジーンズはおすすめしません。全体的に、なるべくさっと脱いでさっと着られるスタイルがよさそうです。サロペットなんぞ着ていった日には、面倒で温泉が嫌になってしまいます。

パンプスは歩きやすく足に馴染んでいて、ヒールがなく、できるだけ濡れてもいい素材・価格のものを。スニーカーでももちろんいいですが、パンプスでフォーマルさを残しておくのも悪くありません。美しい旅館の敷居をまたぐとき、ちょっといいランチのお店に入るとき、厳かな寺社仏閣をのぞくとき、足元の私が「違和感ない」「変じゃない」のは、その後のテンションを大きく左右します。

「一軍」を選んだほうがいい理由は、何より、旅行につきものなトラブルでへこんだ気持ちを励ましてくれるからです。例えば、行きたかったお店が臨時休業していた、急に雨が降ってきて行きたいところに行けなかった、乗ろうと思っていた電車やバスが全然来なくて予定が狂った、ランチが全然おいしくなかった……云々。あらゆるトラブルや悲劇は、ひとり旅行だといつも以上に気持ちが落ち込みます。ひとりじゃなかったら、「しょうがないからあっちに行こうか」「雨が止むまでカフェでお喋りしようか」と相談したり、「ハズレだったね」と笑いあえたりするのですが、ひとりは本当にそういかない。ただただ、次の動きを考えるために、スマホとにらめっこします。そういう「あーもう来なきゃよかった」なんて喉まで出かかった言葉を、お気に入りの洋服は励ましてくれます。

悲劇やトラブルに遭った、二軍をまとった私。もう考えるだけでしんどい気持ちになりませんか。でも、一軍なら、まあ今日の私はお気に入りだし、とほんのちょっとだけ、ごまかせます。〝最悪の状態〟をひとつでも減らすこと。小さいけれど、大事なひとり旅行のコツです。

_Tips
46

_Tips

47

女ひとり温泉、持ち物マストアイテム

「だいたい旅館にすべて揃ってるっしょ」と思い、長らくほぼ手ぶらで旅行に出かけていました。現地のコンビニで割高のトラベル用シャンプーを買い、備え付けのボディーソープと化粧水を使い、歯ブラシも旅館の備え付けで磨いては歯ぐきから血を流し……（硬いですよね）。身軽で気持ちいい〜と思っていたのですが、あるとき気づいたのです。**「あれ、温泉に来たのにそんなにお肌つるつるになってないし、なんか体の調子が狂った感じがする」と。普段と違うものを使うと、なんとなくストレスがかかっているのかもしれません。**

それからというもの、極力普段使っているものを持っていくようにしました。ちょっと面倒だけど、無印良品で小さな詰替え用ボトルを買って、シャンプーとコンディショナー、クレンジング、化粧水、乳液などを全て入れ込んで。歯ブラシは普段使っているものか、トラベル用の歯ブラシを。そういうセットを一度用意しておくと、旅行に行くときそれだけ持っていけばいいのでスーパー楽です。

体を洗う用のものは、家から一枚手ぬぐいを持っていきます。体馴染みがよいだけでなく、乾きやすくかさばらないので、めちゃくちゃ重宝します。手ぬぐいでの体洗い、気持ちいいので自宅でもぜひ。旅館でいただける小さなタオルは、体を拭くか、おみやげ用にとっておきます。

最近では、部屋着も持っていくようになりました。自宅では浴衣一枚だけで寝る機会がほとんどないので、実はあまりよく眠れていなかった、と最近気づいたのです(特に下半身が心許ない……寒い)。荷物に余裕があるときは上下スウェットを、ないときは下だけ持っていきます。中間着として、ユニクロなどで買えるブラワンピースも活用します。

あと、視力が悪い人であれば、強い気持ちで「お風呂用めがね」をおすすめします。

湯船から見る景色や、壁にかざってある言葉など、温泉の中も見るものがたくさん。私は裸眼だと0・1以下なので、せっかくの絶景露天も三割ぐらいしか楽しめなかった……なんてことが何度もありました。視力、めちゃくちゃ大事です。

かばんは、一泊二日であればボストンバッグを、それ以上は機内持ち込みがかなう大きさのキャスターを。私はほとんど車で旅行をするので、荷物が多くてもまあいいか、と思えます。

旅行は日常の延長。充電器も、洋服も普段使いをこさえます。いつものリズム、いつものグッズが、ストレスを極力なくすんですよね。

_Tips 48 現地で配っている手書きマップ一番信用できる説

小さな温泉地であるほど、インターネット上の情報は多くありません。行きたかったお店、現地で訪れてみたら潰れてた！　なんてこともしばしば。ある程度そういうことも覚悟しながら行ったほうがいいよなあ、と思います。

鳥取の三朝温泉に訪れたときのこと。一度目に訪れたときは温泉街の外れにある外湯だけ浸かったのですが、その後ある写真から河原沿いに旅館がつらなっている美しい景色が見られそうだと知り、数年経って再訪しました。でも、「どこから見たらあの角度で、あの景色を撮れるのかわからない」状態に。宿でいただいたマップを頼りに、人気のない対岸の遊歩道へ向かったところ、ようやっとお目当ての景色にたどり着けました。温泉街のこのあたりはお店や旅館、飲泉場（温泉が飲める場所）や足湯があって、あのあたりは特に何もなさそうだなと、マップを見てようやっと三朝温泉を理解したのです。**現地で手に入れられるペライチのマップ、本当に侮れません。**
その後、三朝温泉のマップは、インターネットにも上がっているものだとわかったのですが、それらを印刷してから向かう方は少ないのではと思います。ほとんどはチェックイン時にスタッフからもらったり、ロビーに置いてあったり、客室にある案内冊子にはさまっていたりするものを使うのでは。そうして「ここから歩いて神社に行けるんだ」とか、「バス、○時に出てるんだ」とかがわかりますよね。現地で配っている手書きマップや案内ほど信用できるものはありません。逆に、インターネットでめちゃくちゃ情報収集していっても、徒労に終わることもあります。

以前Ａｉｒｂｎｂで箱根の別荘に泊まった際も、周りにレストランがなく食事をどうするかと悩んでいたところ、固定電話の横に中華料理屋の出前を頼めるという案内書きを発見し、喜んだ経験があります。もう少し調べてから行けばいいものを、と思うのですが、**マジで温泉（にかぎらず、田舎）の情報はインターネットに少ない。箱**

根ですらも、出前の情報をひとつ摑むのに苦労しました。クチコミで手に入れた情報は、数年前の投稿だったために、現在は状況が変わっていることもあります。Ｇｏｏｇｌｅマップの情報はかなり精度が高いですが、それだけでは心許ないです。だから私は、小さな温泉街（それなりに旅館が集合していて、食事処なども点在している）に行くときは、あえてあまり調べすぎないようにしています。地元のマップ、一番信用できるので……。

_Tips 49

お化粧を落とすタイミングと自撮りするタイミング

この本の企画を考えているとき、担当編集さんが「些《さ》細《さい》なことですけれど、温泉旅行って、お化粧を落とすタイミングがわからないんですよね」と話していました。なるほど確かに、温泉浸かったらお化粧落としたいけれど、このあと観光や夕食が待っている……となれば、落としにくいですよね。私自身にも明確な答えはなく、友達や家族と温泉旅行へ行くと「今落としちゃう？」「どうする？」と同行者と洗い場で探り合いながら過ごしています。

さて、ひとり温泉のときはどうでしょうか。前述した「二軍」の服を着て旅行していたとき、私はほぼスッピンでした。誰に会うでもなく、どうせ温泉に浸かるし、と、

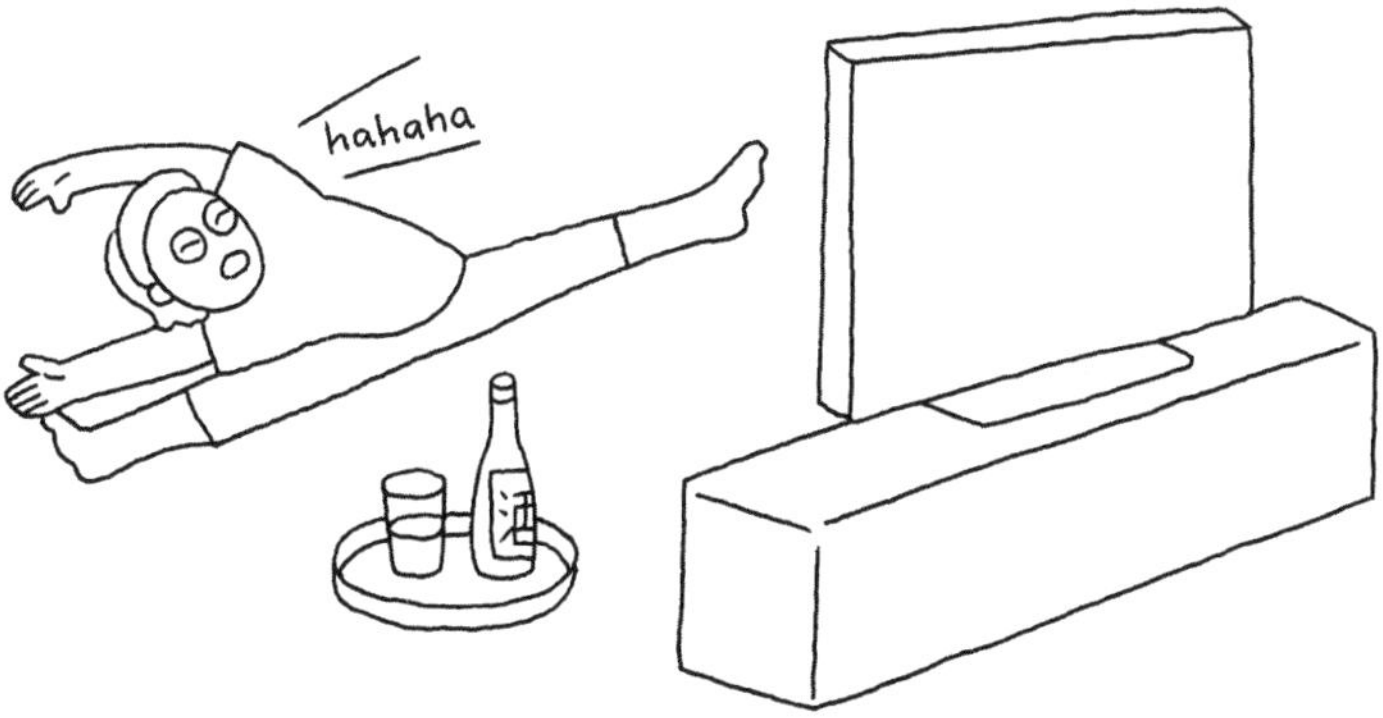
hahaha
酒

腹をくってスッピン×二軍服のコンボ。ツタヤにブルーレイ返しに行くような格好です。しかしまあ、楽ですけれど、テンション上がらない。すてきな自分で旅行したほうが楽しい、と気づいたのは、しばらく経ってからです。

　洋服と違うのは、お化粧は温泉に浸かっていると落ちて、ケアが必要になること。さすがに毎度直すのは面倒ですね。結果私は、朝フルメイク↓日帰り入浴でほんのり落ちていくのは仕方がないと妥協↓旅館に着いたら、まずは温泉でお化粧を落とす↓夕食はスッピン↓夕食後のもう一風呂で頭と体も洗う、のリズムで過ごしています。だって、**朝は一番調子のいい状態で、自信満々に出かけたい。旅館ではさっぱりお化粧を落としてだらだらモードに入りたいし、顔に温泉を浴びせたい。**ただし、夕食前に頭も体も洗ってしまうと、夕食後に温泉に浸かったときに汗をかいてしまうので、頭と体は一日の最後にまとめて洗います。

　旅館では他のお客さんも同じ浴衣を着ているので、「お気に入りの私」を用意する必要がなく、スイッチをオフに切り替えます。二日目以降も旅程がある場合は、朝のファンデーションはだいぶ雑めに。ほぼお粉だけにして、いつでもお湯で落とせる状態にします。せっかくの温泉、顔にもしっかり浸透させたいですから。眉と目さえどうにかなっていたらいいか、なんて諦めも入っています。

私は、ひとり温泉のとき、ほとんど自撮りしません（普段から、あまりしないタイプ、というのもありますが……）。観光名所で自撮りするのはわかるのですが、温泉ってあんまり、撮るタイミングないですから。ただ、撮る派の方は本当に、タイミング難しいだろうなあと思います。大前提、「温泉浸かったあとのつるつるお肌」で撮りたいじゃないですか。でも、温泉でお化粧を落としたいですし、撮るためだけに化粧しなおすのも面倒です。さらに、温泉浴衣で撮りたいけれど、寝ている間にクシャクシャになってしまい、二日目の朝は撮れるような状態でなかった、とか……。**ひとり温泉旅行で、つるつるお肌を温泉浴衣で自撮りしたいという人は、思い切ってパジャマや寝間着を持ち込むことをおすすめします。一日目にじっくり温泉浸かってお肌を休ませた後、二日目にきれいな浴衣でパシャリ。**ちょっと荷物が増えて手間ですが、きっと盛れますよ。

Tips 50 山奥の温泉で、電波がなかったら

山奥の温泉旅館でひっそりと過ごす時間は何にも代えられない贅沢ですが、気になるのが電波問題。新しい施設であればＷｉ‐Ｆｉを備えているものの、古いところだと「ご不便をおかけしますが、日常を忘れ、ゆっくりと寛いでください……」と濁されることも。いや、わかる、確かに日常を忘れに来たんですけど、電波ないとめっちゃ不安～！　って思いませんか？

私はまず、電波入らなそうなぐらい山奥な宿に泊まる前は、あらかじめドラマや映画をタブレットにいくつもダウンロードしておきます。コンテンツがあれば不安はある程度解消されます。そして、「どこまで行けば電波が入るのか」も確認します。ロ

ビーでは入るのか、駐車場なら入るのか、はたまた最後の交差点まで行かないと入らないのか……。わかっていれば、有事の際に（ほとんどないですが）パニックになりません。

一番大事なのが、**温泉旅行に出かける前に、職場に「電波が届かない可能性のあるところへ行く」と伝えておくこと。国内旅行だと油断しがちですが、温泉となると話は別。山奥だとあっさり電波が入らなくなるものです。**一言伝えておけば、ちょっと通じなくても慮《おもんぱか》ってくれるのではないでしょうか。

ちなみに、近年は電波の届かないところへ行く「圏外旅行」を選ぶ人もいるそうです。私の圏外旅行のおすすめは、青森県の「ランプの宿　青荷温泉」で電気も電波もない時間を過ごすこと。静かで美しく、とても神秘的な夜でした。まるで、日常なんて最初からどこにもなかったのかな、と思うくらいに。

_Tips

51

ひとりメシのさびしさを解消する〝部屋食〟

ひとり温泉旅行によく行くというと、多くの人から「さびしくないの？」と聞かれます。自分でひとりを選んで行っているとはいえ、さびしさ、感じないわけではありません。中でも食事は難関です。私はひとり牛丼やひとり寿司ができる人間ですが、「おいしい」「見た目かわいい」といった感想はたしかに、誰かとシェアしたほうが楽しいです。旅館の食事処で、他のお客さんにまぎれてひとり食事をとるのも、正直得意ではありません。

だから、なるべく〝部屋食〟プランを選んでいます。その名の通り、旅館スタッフが部屋まで食事を持ってきてくれるサービスで、気兼ねなく食事ができるためとても重宝します。もともとは「小さな子がいるから、周りに迷惑がかからないように」「客室からの景色を眺めながら食事をしたい方に」といったニーズに応えたもので、需要は高く、一般的に食事処で食べるよりも割高です。ひとり客向けにも部屋食プランは多く用意されています。

ただ、デメリットも。一気に全品持ってきてくれる場合と、何度かに分けて持ってきてくれる場合があります。一気に持ってくると料理が冷めてしまっていることがありますし、何度かに分けると、その分スタッフの出入りが発生し、なんだか気まずい雰囲気になってしまいます。そして、食事が終わったらフロントに電話をかけるミッションもあります。一時間近く畳に座卓の姿勢で食べるのはつらいとか、部屋や布団に食事のにおいがつくのが嫌とか、その他さまざまな理由から部屋食を避ける方もいます。気兼ねなく、とはいうものの、完全に〝油断〟しては過ごせません。私自身、出入りが気になり、なんとなく居心地が悪くて、「別に食事処で食べてもよかったかな」と思った瞬間もなくはないです（こちらが勝手に気まずくなっているだけなのですが……）。

ひとり温泉旅行ビギナーの方は、部屋食もぜひ候補に入れてみてください。食事の写真を撮ったり、テレビを観ながら食べたり、周りを気にすることなく食べられて気楽です。部屋数の多い大きな旅館であれば、なおさら食事処はにぎやかだと思いますので、部屋食をおすすめします。逆に数部屋しかない小さな旅館であれば、わざわざ部屋食にする理由もあまりないかもしれません。

_Tips 52
みんなに教えたい「泊食分離」という考え方

多くの温泉旅館は、前菜・煮物・お造り・魚料理・肉料理・天ぷら・鍋・ご飯・デザートと、胃がはちきれんばかりの量を夕食で出してくれます。どれもこれもおいしくてお腹いっぱい、贅沢で幸せ〜〜って感じですが、時々そんな雛形の「旅館メシ」に飽きてしまうことがあります。特に、天ぷらが出てきたあたり。海老天、いま別に食べなくてもいいんだけどなあ、って。

そうしたユーザーの声を聞いて……というわけではありませんが、旅館業界では、二〇〇〇年代以降、「泊食分離」＝食事と宿泊を分ける動きが広がってきたようです。背景にあるのは、旅館の低い客室稼働率。旅館では素泊まりして、近隣のレストランで夕食をとるスタイルが広がれば、稼働率は上がるのではと考えられたからです。

ユーザーとしても、泊食分離はよい選択肢のひとつです。会席料理のフルコースもおいしくて楽しいけれど、時々「地元の居酒屋で、地元の人がよく食べるような料理を食べたい」「地元で人気のレストランで、地産野菜を使ったイタリアンを食べたい」といった気持ちになりませんか。**食事は旅館でとらなきゃいけない、なんてことはないんです。**素泊まり＋レストランだと、もしかしたら一泊二日二食付きの宿泊代より高くつくかもしれません。でも、設備にこだわらなければ、安い旅館でいいですし、その分食事を豪華にもできます。泊食分離は、お金をかける部分を自分で決められるのがメリットです。

私は、熱海、草津、有馬、城崎など、コンパクトかつにぎわっている温泉街に行くときは、だいたい泊食分離スタイルで滞在します。お酒を飲みたいので、徒歩圏内にレストランがあるのが重要なのです。レストランへ行くのに車を必要とするような、山奥や海辺にある一軒宿は（あまり食事が期待できないことも多いですが）二食付きプランにします。

_Tips
52

二〇一九年冬、兵庫県・城崎温泉で一泊したときのこと。城崎の冬といえば、なんといってもカニ。でも、旅館でひとりカニを貪るのはさびしい。そう思って、旅館は素泊まり、夕食は街のちょっといい鮨屋を予約していきました。カウンターに座って、カニ寿司を食べて、地酒で一杯。そんなひとり客は珍しくないのか、まったく頓着されなかったことが嬉しかったです（さすが人気温泉地、ひとり客の扱い方も熟れている……！）。どうも大人になりすぎてしまった感じがして、私自身はちょっと恥ずかしかったのですが。でも、最高に楽しかったなあ。泊食分離の手段も知っておくと、ひとり温泉はずいぶん豊かになります。→【写真26】

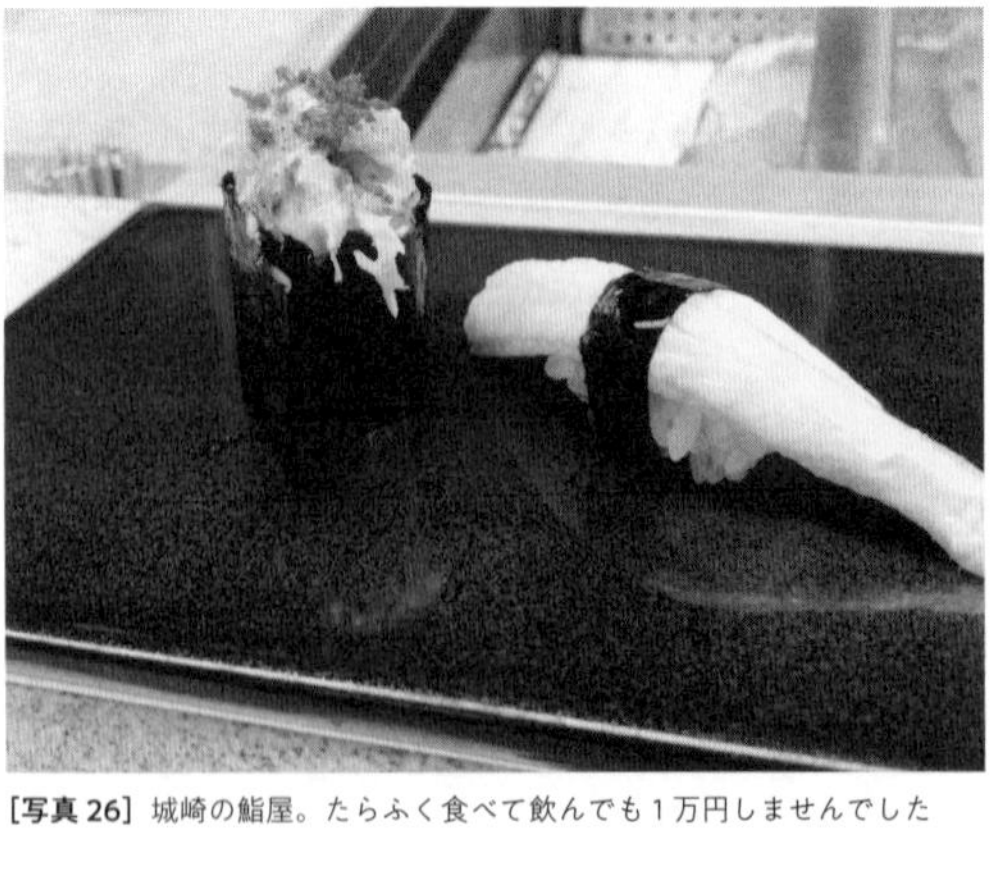

［写真26］城崎の鮨屋。たらふく食べて飲んでも1万円しませんでした

_Tips 53 温泉地のおみやげの選び方

私の夫は土産菓子メーカーの元営業です。各地のおみやげ屋さんに置いている、まんじゅう、だんご、クッキーなどを作っていました。夫曰く、「裏面を見れば、その地域で作られているか、他県の土産菓子メーカーが作っているかがわかる」そう。これで私も、ご当地のおみやげをきちんと選ぶ技術を身につけてきました。

見分け方は超簡単。**裏面に、「製造者」または「販売者」と書かれているうち、「製造者」のほうを買えばいいのです。製造者が地元（その地域の住所）であれば、作ったのは地域のお菓子メーカーであるということ。**かわって「販売者」は、お菓子を卸した企業が書かれています。土産菓子メーカーが作ったものを、地域の企業が卸しているだけ。もちろん、土産菓子メーカーも、地元のフルーツを使って製造していたり、工夫をこらしておいしくしていたりと、すばらしいお菓子が多くあるのですが、見分け方のひとつとして知っておくと、今後とても選びやすくなります。

ちなみに、私がよく買う温泉地のおみやげは、入浴剤です。特に、湯の花を販売していたら絶対に買ってしまいます。家で温泉気分に浸れるなんて、サイコーじゃないでしょうか。浴感が再現されていなくても、地元企業がそれを作ってくれた心意気が嬉しいのです。お気に入りは、別府の明礬温泉の湯の花です。↓【写真27】

【写真27】別府・明礬温泉の湯の花。那須の湯の花入浴剤もおすすめ！

おわりに

温泉を好きになった日から、「一生楽しめる趣味を見つけてしまった」と思いました。まだ行けていない温泉がたくさんあります。こんなにも健康的で、奥が深くて、コンプリートしにくくて、年齢を重ねてからも楽しめて、誰とでも共感しやすくて、ご当地話のネタが増えて、お金と時間をかける価値のある趣味、なかなかありません。ひとりでも多くの方が、温泉旅行への興味を深く持てる一冊にできていたらと願っています。

この本は、新型コロナウイルスの影響によって多くの人が旅行に出かけなくなった時期に執筆しました。予定していた温泉旅行を泣く泣くキャンセルし、家のお風呂で心身をほぐしながら「早く温泉行きたいな」と思いつつ、遠い記憶のような温泉の思い出をキーボードで打ち込む日々。訪れたことのある旅館や温泉施設が廃業されるニュースを見聞きし、無力さでいっぱいになりました。気ままに旅行をすることの贅沢を、改めて感じた方も多いのではないでしょうか。

もしかしたら、ひとり客もこれまで以上に歓迎されやすくなるかもしれません。にぎわいから遠ざかれる山奥の温泉地も、これを機に繁盛するといいな、と思います。何百年、何千年と愛されてきた温泉は、この危機をきっと乗り越えられるはず。ひとりひとりの推し課金によって、温泉の経済がまた回り始める日がくると信じています。

本書を書き上げるにあたり、編集の羽賀千恵さんの温かい励ましに大変助けられました。同じ温泉好きとして話が盛り上がり、愛を込めて作り上げていただきました。また、会社員をしながらの執筆にあたり、応援してくれた勤め先・ＣＨＯＣＯＬＡＴＥ Ｉｎｃ．のみなさん。本書に関連したＷＥＢコラム連載を提案してくださった、じゃらん編集部の横内さん、二宮さん。温泉オタク仲間として何度も一緒に旅行してくださっている吉田さん。週末執筆を静かに見守ってくれた夫。みなさまに、心から感謝を申し上げます。ありがとうございました！

二〇二〇年十一月　永井千晴

〈写真クレジット〉
＊記載のない写真は、全て著者撮影

●鬼怒川温泉　Yoshi / PIXTA(ピクスタ)

●湯河原　とぴまるおまる / PIXTA(ピクスタ)

●万座温泉　パタ / PIXTA(ピクスタ)

●湯西川温泉　チャーキ / PIXTA(ピクスタ)

●みなかみ温泉　kazukiatuko / PIXTA((ピクスタ)

●房総　sorakara / PIXTA(ピクスタ)

●南紀白浜温泉　HIRO777 / PIXTA(ピクスタ)

●洲本温泉（淡路島）　xxtakanorixx / PIXTA(ピクスタ)

●あわら温泉　s1103 / PIXTA(ピクスタ)

●祖谷温泉　だいち　ゆうと / PIXTA(ピクスタ)

●皆生温泉　colors / PIXTA(ピクスタ)

●石和温泉　mhal / PIXTA(ピクスタ)

●定山渓温泉　よっちゃん必撮仕事人 /PIXTA(ピクスタ)

●秋保温泉　G・G / PIXTA(ピクスタ)

●蔵王温泉　7maru / PIXTA(ピクスタ)

●小豆島　BULL / PIXTA(ピクスタ)

●不老ふ死　KAZE / PIXTA(ピクスタ)

本書は2013年3月から2020年9月までの著者の体験をもとにしております。

現在は状況が異なっている場合もあります。

なお、本書では分かりやすく読み進めて頂くために「硫黄のにおい」という表現をしていますが、正しくは「硫化水素のにおい」です。ご了承下さい。

女ひとり温泉を
サイコーにする53の方法

2020年11月26日　第1刷発行
2022年4月30日　第2刷発行

著者　永井千晴
発行人　見城 徹
編集人　森下康樹
編集者　羽賀千恵
発行所　株式会社 幻冬舎
〒151-0051　東京都渋谷区千駄ヶ谷4-9-7
電話　03-5411-6211(編集)
　　　03-5411-6222(営業)
振替 00120-8-767643

印刷・製本所　図書印刷株式会社

カバー・本文イラスト　朝野ペコ

ブックデザイン　石松あや(しまりすデザインセンター)

検印廃止

ISBN978-4-344-03713-7　C0095
幻冬舎ホームページアドレス　https://www.gentosha.co.jp/
この本に関するご意見・ご感想をメールでお寄せいただく場合は、
comment@gentosha.co.jp まで。